고흐가 바라본 세상

새우와 고래가 함께 숨 쉬는 바다

고흐가 바라본 세상

– 자신이 하는 일에 대한 믿음을 잃지 않았던 반 고흐의 아포리즘

지은이 | 빈센트 반 고흐
편역자 | 석필

펴낸이 | 황인원
펴낸곳 | 도서출판 창해

신고번호 | 제2019-000317호

초판 1쇄 인쇄 | 2024년 10월 24일
초판 1쇄 발행 | 2024년 10월 31일

우편번호 | 04037
주소 | 서울특별시 마포구 양화로 59, 601호(서교동)
전화 | (02)322-3333(代)
팩스 | (02)333-5678
E-mail | dachawon@daum.net

ISBN 979-11-7174-010-9 (03300)

값 · 19,800원

고흐가 바라본 세상

자신이 하는 일에 대한 믿음을 잃지 않았던 반 고흐의 아포리즘

빈센트 반 고흐 지음 | 석필 편역

창해

나는 미술, 영화, 연극, 오페라, 음악, 문학 같은 예술은 인간의 기본 생활에 하등 중요하지 않다는 생각으로 칠십 평생을 살아왔다. 그런데 나이가 들면서 점점 예술, 특히 미술이 인간의 삶에 큰 영향을 미치고 있음을 점점 실감하면서도 구체적으로 왜 그런지에 대해선 알아보지 않았었다.

그러던 중, 어느 날 잠자리에서 우연히 너무나도 유명한 −난 전혀 관심이 없었지만− 화가 빈센트 반 고흐에 대한 동영상을 보고 벌떡 일어나 위키피디아에 기록된 반 고흐에 관한 기록을 보고 "왜 이제야 이 사람을 알게 되었단 말인가!" 하고 한탄했다(아이러니하게도, 나의 아내는 화가이다).

난 무엇보다 그림 한 점 팔리지 않는 상황에서도−평생 한 점을 팔았다고 한다−그가 그림에 대한 집념을 버리지 않았다는 것이

경이로웠다. 요즘 국내 아마추어 화가들도 몇 년에 서너 점의 작품을 판매하는 것이 보통이지만 ─물론 지인들이 인사차 사 주는 것이 대부분이지만─ 좌절하여 미술을 포기하는 일이 비일비재하기 때문이다. 살아가며 반 고흐가 느꼈을 실망, 자신에 대한 회의, 세상으로부터의 무시, 그리고 빈곤이 그가 정신적·육체적으로 병드는 데에, 또 매춘부 여인과의 사랑에 빠지는 데 영향을 미쳤으리라 짐작된다.

　특히 그가 자신을 기억조차 하지 못하는 화가 쥘 브르통을 만나기 위해 며칠에 걸쳐 80km를 걸어갔지만 차마 문을 노크하지도 못하고 발길을 돌렸다는 장면에서 눈시울이 뜨거워졌다. 그때 왜 그는 당대의 저명한 화가이던 브르통을 만나러 갔을까? 그림 구매자를 소개해 달라거나 추천서를 써 달라거나 돈을 빌려 달라는 세속적인 이유였을까? 반 고흐가 자신의 작품 세계에 관한 마지막 자존심을 버리고 싶지 않았기 때문이었을 것이라 짐작한다. 그 자존심은 아마 생명처럼 중요한 것이었으리라.

난 여전히 반 고흐에 대해 무지한 사람이다. 하지만 그의 일대기와 그가 남긴 서신을 읽으면서 그의 범상치 않은 삶과 생각이 우리에게 창의적인 아이디어를 가져다줄 수 있다는 점을 깨달았다. 인간의 모든 삶, 모든 분야에 적용될 수 있으리라 믿는다.

이 책에서의 반 고흐의 일대기와 작품 세계는 대부분 영문 위키피디아를 번역해 옮긴 것이다. 아포리즘의 상당 부분은 웹에 있는 반 고흐 어록 관련 사이트들이 주 출처이다. 일부는 반 고흐 서신이 소개되어 있는 사이트에서 깊은 통찰력을 가진 내용을 선

별해 번역한 것이다. 아무쪼록 이 작은 책자를 통해 미술을 비롯한 예술이 얼마나 우리의 잠재된 창의성을 일깨우고 성장시키는지 알게 되는 기회가 되기 바란다.

"감사합니다, 빈센트 반 고흐 선생님!"

2024년 9월 어느 날 편역자

차례

제2부

반 고흐의 아포리즘

＊이 책에 수록된 도판 출처는 아래 사이트입니다.

  https://en.wikipedia.org/wiki/List_of_works_by_Vincent_van_Gogh

반 고흐는 병든 몸으로 미친 듯이 작업에 몰입하여
약 10년 만에 무려 2,100여 점의 작품을 남겼다.
자신의 작품을 알아주는 사람이 없었지만
그는 세류를 따라가지 않고 자신의 철학을 굳건히 지켰다.

"진짜 화가는 있는 그대로 그리지 않는다.
… 자신이 느끼는 대로 그리는 것이다."

미술에 대한 자신의 주관을 지키려다가 좌절하여
자신의 가슴을 향해 방아쇠를 당긴 그는
37세로 세상을 떠나며 동생 테오에게 이런 유언을 남겼다.

"슬픔은 영원히 지속된다."

제1부

반 고흐의
생애와
작품 세계

〈반 고흐 자화상(Self-Portrait)〉(1887년 경)

빈센트 빌렘 반 고흐(Vincent Willem van Gogh, 1853~1890)는 후기 인상파 화가로서 서양 미술사에서 가장 유명하고 영향력 있는 인

물 중 한 명이다. 그는 화가 생활 10년이 조금 넘는 기간 동안 860
여 점의 유화를 포함해 약 2,100점의 작품을 그렸는데, 그중 대부
분은 사망하기 2년 전부터 제작한 것들이다.

주로 풍경화, 정물화, 초상화, 자화상 등을 그린 그는 대담한 색
채와 극적인 붓놀림으로 현대 미술에서 표현주의가 부상하는 데
크게 이바지했다. 빈센트 반 고흐는 37세에 스스로 생을 마감하
기 전에도 일부 비평가들로부터 약간의 관심을 받기는 했지만,
그의 생전에 팔린 작품은 〈붉은 포도밭(The Red Vineyard)〉 단 한 점
뿐이었다.

〈붉은 포도밭(The Red Vineyard)〉(1888년)

테오(1878년, 21세)

중상류층 가정에서 6남매 중 둘째로 태어난 빈센트는 어려서부터 그림을 그렸는데, 진지하고 조용하며 사려 깊으면서도 정신적으로는 불안정한 모습을 보였다. 청년 시절에는 미술품 상인으로 일하며 여행을 자주 다녔지만 런던으로 전근을 가게 된 뒤에는 우울증에 걸렸다.

그는 종교에 귀의하여 벨기에 남부에서 선교사로 활동하기도 했다. 이후 건강이 나빠지면서 외로움에 빠져들었다. 당시 모더니즘 미술의 트렌드를 예민하게 인식하고 있던 그는 1881년 부모님과 함께 집으로 돌아와 그림을 그리기 시작했다. 그는 동생 테오(Theo)에게서 재정적인 지원을 받았는데, 두 사람은 평생 서신을 주고받으며 지내게 된다.

빈센트의 초기 작품들은 대부분 정물화와 농촌 노동자들을 묘사한 것들이었다. 1886년에 그는 파리로 이주하였고, 인상파를 넘어 새로운 길을 모색하던 아방가르드 멤버인 에밀 베르나르(Emile Bernard), 폴 고갱(Paul Gauguin)을 만났다. 파리에서 좌절감을 느낀 빈센트는 예술적 변화와 협업 정신에 영감을 받아 예술적 휴양지이자 공동체를 설립할 목적으로 1888년 2월 프랑스 남부의 아를(Arles)로 이주했다. 그곳에서 작품 성향이 다시 바뀌어 자연에 관심을 두게 되면서 아를의 올리브 과수원, 밀밭과 해바라기 등을 보다 밝은 색채로 묘사했다. 빈센트는 고갱을 아를로 초대한 1888년 가을, 그가 오기를 눈이 빠지게 기다렸다.

빈센트는 정신병 증세와 망상에 시달렸다. 그는 정신 건강을 걱정하면서도 육체 건강을 소홀히 하여 제대로 먹지도 않으면서 술을 많이 마셨다. 고갱과의 우정도 끝나버렸다. 고갱과 다투다가 면도칼을 들고 자신의 오른쪽 귀를 잘라버렸던 것이었다. 그는 생레미(Saint-Remy)를 포함한 여러 지역의 정신병원에서 시간을 보내다가 퇴원해선 파리 근교에 있는 라부 여관(Auberge Ravoux)으로 옮겨 동종요법 의사(homeopathic doctor)인 폴 가셰(Paul Gachet)의 치료를 받았다. 그러나 우울증이 지속되자 1890년 7월 27일 리볼버 권총으로 자기 가슴에 총을 쐈고 이틀 뒤 사망했다.

빈센트의 작품이 평론가들에게 주목받기 시작한 것은 그가 사망하기 직전부터였다. 그 뒤로 그는 사는 동안 작품의 예술성을 인정받지 못한 천재의 상징으로 대중의 관심을 끌게 되었다. 이는 빈센트보다 네 살 어린 동생 테오가 사망하여 과부가 된 아내, 즉 반 고흐의 제수(弟嫂)인 요한나 반 고흐-봉허(Johanna van Gogh-Bonger)의 노력 덕분이었다. 그의 대담한 색채, 표현적인 선, 두꺼운 물감 사용은 20세기 초 야수파(Fauves)와 독일 표현주의(German Expressionists) 같은 아방가르드 예술 그룹에 영감을 주었다.

그 뒤 수십 년이 흐르는 동안 그의 작품이 비평적, 상업적으로 엄청난 성공을 거두면서 빈센트는 '고통받는 예술가'라는 낭만적 이상의 영원한 아이콘으로 자리 잡게 되었다. 오늘날 그의 작품은 세계에서 가장 비싼 가격에 팔리고 있다. 암스테르담에 있는 반 고흐 미술관(The Van Gogh Museum)은 세계에서 가장 많은 반 고흐의 페인팅과 드로잉 작품을 소장하여 그의 유산을 기리고 있다.

서신

    빈센트 반 고흐에 관한 가장 포괄적이고 기본적인 자료는 동생 테오와의 서신이다. 1872년부터 1890년 사이에 나눈 수백 통에 달하는 편지에는 평생에 걸쳐 유지된 우애, 그리고 미술에 관한 빈센트의 사고와 이론이 아주 잘 나타나 있다. 미술품 거래상이던 테오는 형인 빈센트에게 현대 미술에 영향력을 행사하던 인사들을 소개해 주었을 뿐만 아니라 재정 및 정서적 지원을 아끼지 않았다.

    테오는 형에게서 받은 편지를 전부 보관했지만, 빈센트는 동생에게서 온 편지 중 겨우 서너 통만 보관했다. 두 사람이 모두 사망하고 나서 테오의 미망인인 요한나가 서신 중 일부를 출판하기로 마음먹고 1906년부터 1913년에 각각 몇 편의 편지를, 1914년에는 대부분을 출판했다.

빈센트의 편지는 설득력과 표현력이 뛰어나서 일기처럼 친밀감이 들면서도 일부는 자서전 같은 느낌이 들게 한다. 그의 편지를

브르통의 〈종달새의 노래(The Song of the Lark)〉(1884년)

번역한 아놀드 포머런스(Arnold Pomerans)는 《빈센트 반 고흐의 엄선된 편지들(The Selected Letters of Vincent Van Gogh)》를 출판하면서 "다른 예술가들에게서는 거의 볼 수 없는 반 고흐의 예술적 성공을 이해하는 새로운 관점을 얻게 되었다"고 덧붙였다.

서신 중에서 빈센트가 테오에게 보낸 것은 600통이 넘고(테오가 빈센트에게 보낸 것은 40여 통), 여동생 빌(Wil)에게 보낸 것은 22통, 화가 안톤 밴 라파드(Anthon van Rappard)에게 보낸 것이 58통, 에밀 베르나르(Emile Bernard)에게 보낸 것이 22통, 그리고 폴 시냐크(Paul Signac), 폴 고갱(Paul Gauguin), 비평가 알베르 오리에(Albert Aurier) 등에게 보낸 것들이었는데, 일부 서신엔 스케치도 들어 있었다.

다수의 서신엔 날짜가 적혀 있지 않았지만, 미술사학자들은 서신 대부분을 연대순으로 배열할 수 있었다. 하지만 아를에서 보낸 편지를 정확하게 필사하고 연대 측정하는 데는 여전히 어려움이 있다고 한다. 아를에 머무는 동안 빈센트는 네덜란드어, 프랑스어, 영어로 약 200통의 편지를 썼다. 하지만 파리에서 동생 테오와 같아 살았을 땐 편지를 주고받을 일이 없어서 그 무렵의 두 사람 간의 서신은 없다.

빈센트는 편지에서 당시 비싼 값에 작품을 팔았던 화가 쥘 브르통(Jules Breton)에 대해 자주 언급했다. 빈센트는 1875년 테오에게 보낸 편지들에서 브르통을 만난 적이 있다면서 어떤 살롱에서 본 브르통의 작품들에 대해 언급하곤, 자신이 소장하고 있는 브르통의 책을 빌려줄 순 있는데 나중에 돌려받고 싶다고 적었다(브르통은 시와 산문 등 여러 권의 책을 저술했다). 그는 1884년 라파드에게 보낸 편지에서 브르통의 시 한 편에서 영감을 받아 작품 하나를 그린 적이 있다고 밝혔다. 1885년에는 브르통의 유명한 작품 〈종달새의 노래(The Song of the Lark)〉를 "괜찮은 작품"이라고 묘사했다.

이렇게 서신을 주고받던 시절인 1880년 3월, 그는 브르통을 만나기 위해 80km 떨어진 꾸리에르(Courrieres)까지 도보로 간 적이 있었다. 하지만 브르통의 위상과 높은 담장으로 둘러싼 대저택에 주눅이 든 그는 자신이 왔다는 사실을 알리지 않은 채 방향을 돌려 집으로 돌아왔다. 브르통은 빈센트가 자신을 방문하고 싶어했다는 사실을 알 리 없었다. 두 사람 간에는 서신을 주고받은 흔적이 없다. 브르통은 1891년에 출판한 자신의 자서전 《어떤 예술가의 생애(Life of an Artist)》에서 현대 미술가들에 대해 설명하면서도 빈센트 반 고흐에 대해선 일절 언급이 없었다.

생애

01
초년 시절

빈센트 빌렘 반 고흐는 1853년 3월 30일 주민 대부분이 가톨릭 신자인 노르트브라반트(North Brabant)주(州) 그루트-준데르트(Groot-Zundert)라는 마을에서 태어났다. 그는 네덜란드 개혁교회 목사인 아버지 테오도루스 반 고흐(Theodorus van Gogh, 1822~1885)와 어머니 안나 코넬리아 카르벤투스(Anna Cornelia Carbentus, 1819~1907) 사이에서 태어난 6남매 중 둘째였지만, 1년 전에 형이 죽은 채로 태어난 관계로 사실상 5남매 중 첫째였다.

반 고흐 가문에 '빈센트(Vincent)'라는 이름을 붙이기 시작한 것은 할아버지 때부터였다. 그는 네덜란드의 최고 명문 대학인 레이던대학(University of Leiden) 신학부를 졸업하고 평생 미술품 판매상으로 이름을 날렸다. 빈센트보다 1년 먼저 태어났지만 바로 사망한 형의 이름도 빈센트였다. 할아버지는 아들 여섯을 두었는데, 그중 3명이 미술품 판매상이 되었다.

빈센트의 어머니 안나는 헤이그의 유복한 가정 출신이었다. 아버지 테오도루스는 목사 집안의 막내아들이었다. 두 사람이 만난 것은 테오도루스의 형인 빈센트와 안나의 여동생 코넬리아가 결혼하면서이다. 그들은 1851년 결혼한 뒤 준데르트에 정착했다. 1853년에 빈센트, 4년 뒤인 1857년에는 테오(Theo)가 태어났다. 또 다른 남자 형제로는 1867년에 태어난 코르(Cor)가 있었다. 여동생으로는 안나(Anna, 1855년 출생), 엘리자베트(Elisabeth, 1859년 출생), 그리고 빌헬미나(Wilhelmina, 1862년 출생으로 빌(Wil)이라 불렸다)가 있었다.

이들 중에서 빈센트가 죽을 때까지 연락을 주고받은 가족은 테오와 빌뿐이었다. 목사인 아버지 테오도루스의 봉급은 적었지만, 교회 측에선 주택 외에도 한 명의 하녀, 두 명의 요리사와 한 명의 정원사, 그리고 한 대의 마차와 말을 제공해 주었다. 어머니 안나는 아이들에게 가족의 사회적 위치를 높여야 할 의무가 있다는 생각을 심어주었다.

빈센트는 진지하고 생각이 많은 아이였다. 그는 집에서 어머니와 가정교사에게 배우다가 일곱 살 때인 1860년 마을 학교에 입학했다. 1864년엔 제벤베르헨(Zevenbergen)에 위치한 기숙 학교에 들어갔지만 여기선 버림받았다는 느낌이 들어 집에 돌아갈 궁리만 했다. 하지만 부모님은 그의 기대와는 달리 틸뷔르흐(Tilburg)에 있는 중학교로 보냈는데, 당연히 그는 여기서도 전혀 행복하지 않았다.

그가 미술에 관심을 보이기 시작한 것은 어려서 어머니로부터 그림을 그려보라는 권유를 받으면서였다. 그의 초기 드로잉은 표현주의 기법을 따랐지만 말년 작품에서와 같은 강렬함은 보이지 않았다. 파리에서 성공한 화가로 인정받은 콘스탄티뉘스 코르넬리스 하위스만스(Constant Cornelis Huijsmans)가 틸뷔르흐에서 가르쳤다. 그의 철학은 기교를 거부하고 자연의 인상을 포착하는 것이었다. 하지만 그 수업은 심각한 불행감에 휩싸인 빈센트에게 그리 도움이 되지 못했다. 1868년 3월, 그는 느닷없이 집으로 돌아갔다. 그는 후에 그의 젊은 시절이 "엄격하고 차갑고 무미건조했다"고 회고했다.

1869년 7월, 빈센트는 삼촌 센트(Cent)의 주선으로 헤이그에 있는 미술상 '고우필 앤드 시에(Goupil & Cie)'에 취직했다. 1873년 수습 과정을 마친 그는 런던 사우샘프턴 가(Southampton Street)에 위치한 지점으로 전출되었다. 그는 좋은 실적을 올려 겨우 20살에 아버지보다 더 많은 수입을 올렸다. 동생 테오의 아내인 고흐-봉허는 그때가 빈센트의 인생에서 가장 행복한 시절이었다고 기록했다.

빈센트는 하숙집 딸인 유지니 로이어(Eugenie Loyer)에 반해 사랑을 고백했지만, 그녀는 거절했다. 사실 그녀는 그녀의 집에서 하숙했던 한 남자와 비밀리에 약혼한 상태였다. 외로움이 심해진 빈센트는 종교에 광적으로 빠져들었다. 1875년 아버지와 삼촌이 손을 써서 파리로 전출시켰지만, 그곳에서 미술품 상인들이 작품을 그저 팔기 위한 상품처럼 취급하는 것에 분노하기 시작했고, 이러한 태도와 문제 때문에 1년 뒤 직장을 잃었다.

빈센트는 1876년 4월, 영국 람즈게이트(Ramsgate)로 옮겨가 작은 기숙학교의 보조 교사를 맡았는데, 보수는 없었다. 학교의 소유주인 윌리엄 포트 스톡스(William Port Stokes)가 학교를 미들섹스의 아일워스(Isleworth)로 옮기자 그도 따라갔다. 하지만 곧 어느 감리교 목사의 보조로 일하기 위해 그 학교를 떠났다. 그사이 부모님이 에텐(Etten)으로 이사했다.

그는 1876년 크리스마스 시즌에 집으로 돌아와 6개월간 있으면서 도르드레흐트(Dordrecht)에 있는 서점에서 일했다. 하지만 그 일을 좋아하지 않았던 빈센트는 낙서하거나 《성경》 구절을 영어, 프랑스어, 독일어로 번역하는 것으로 시간을 보냈다. 기독교에 심취한 그는 점점 더 경건해져 수도사 같은 생활을 하게 되었다. 빈센트의 룸메이트였던 파울라스 반 괼리치(Paulus van Gorlitz)는 그가 육식을 피하고 매우 소박하게 식사했다고 증언했다.

빈센트는 목사가 되기를 원했다. 가족은 그의 열망을 충족시키기 위해 그를 암스테르담에 사는 그의 이모부(어머니의 언니 빌레미나 카르벤투스Willemina Carbentus의 남편)이자 저명한 신학자인 요하네스 스트리커(Johannes Stricker)에게 보냈다. 빈센트는 암스테르담 대학교 신학부 입학시험을 봤지만 떨어졌고, 1878년 7월에 이모부의 집을 나왔다. 그리고는 브뤼셀 근처인 라켄(Laken)에 있는 장로교 선교사 학교에서 3개월 과정을 이수했다.

1879년 1월, 빈센트는 벨기에 보리나주(Borinage)의 탄광촌 중에서도 노동자 계급이 모여 사는 쁘띠-와메스(Petit-Wasmes)에 선교사로 부임했다. 그는 가난한 교인들을 돕기 위해 편안한 빵집 숙

소를 노숙자에게 내주고 자신은 작은 오두막으로 옮겨 짚 위에서 잠을 잤다. 하지만 교단은 빈센트가 검소하게 사는 점을 외면하고 오히려 성직자의 품위를 훼손했다는 이유로 선교사직에서 해임했다.

그 뒤 빈센트는 부모님의 압력에 못 이겨 에텐의 집으로 돌아가 1880년 3월까지 머물렀는데, 이는 부모님에게 아들의 정신 건강에 대한 걱정과 실망을 불러일으키는 계기가 되었다. 특히 아버지는 더욱더 그러해서 아들을 키을(Geel, 정신병자들을 많이 수용했다고 한다)에 있는 정신병원에 입원시켜야 한다고 말할 정도였다.

빈센트는 1880년 8월 퀴에스마(Cuesmes)에 가서 10월까지 한 광부와 룸메이트를 했다. 그는 테오로부터 화가를 직업으로 택해보라는 조언을 들은 뒤 자신의 주변에 있는 사람과 풍경에 관심을 갖고 드로잉하기 시작했다. 테오가 네덜란드 화가 빌렘 로엘로프(Willem Roelofs)의 지도를 받으라고 권유하자 그해 말 브뤼셀에 갔다. 빈센트가 정식 미술학교를 혐오했음에도, 로엘로프는 그에게 벨기에 왕립 미술 아카데미(Academie Royale des Beaux-Arts)에 다니라고 설득했다. 그는 1880년 아카데미에 등록한 뒤 해부학과 모델링 및 원근법의 기초를 공부했다.

에텐, 드렌터와 헤이그에서의 생활

빈센트는 1881년 4월 에텐으로 돌아와 부모님과 같이 살았다. 그리고 이웃 사람들을 대상으로 드로잉을 했다. 그해 8월, 남편을 잃은 지 얼마 되지 않은 이종사촌 누나 코넬리아 '키' 보스-스트리커(Cornelia "Kee" Vos-Stricker)가 방문했다. 큰이모 빌레미나와 신학자인 요하네스 스트리커 사이에서 태어난 그녀는 빈센트보다 7살 손위로, 8살 된 아들을 두고 있었다. 빈센트는 그녀를 매우 좋아해서 같이 긴 산책을 하곤 했다. 그뿐만 아니라 그녀를 사랑한다면서 그녀와 결혼하겠다고 선언하여 가족을 놀라게 했다. 하지만 키는 "안 돼, 절대 안 돼, 결코 안 돼"라고 손사래를 치며 거절했다.

키가 암스테르담으로 돌아간 뒤 빈센트는 자신의 작품을 팔 겸 인척 관계인 화가 안톤 모브(Anton Mauve, 빈센트보다는 15살 연상으로 빈센트 어머니의 사촌일 것으로 추정되는 아리에테 소피아 자넷 카르벤투스(Ariëtte (Jet) Sophia Jeannette Carbentus)와 결혼함)을 만나러 헤이그로 갔다. 모브는 빈센트가 부러워할 정도로 이름을 날리던 화가였다. 모브는 빈센트에게 목탄과 파스텔로 그림을 그려보라고 권했다. 빈센트는 그의 조언을 따르기로 하고 에텐으로 돌아왔다.

1881년 11월, 빈센트는 이모부인 요하네스 스트리커에게 편지를 썼는데, 동생 테오에게 '공격'이라 표현할 정도로 부정적인 내용이었다. 며칠 뒤 그는 암스테르담에 갔지만 키는 그와의 만남을 거절했다. 그녀의 부모는 "그의 집요함이 역겹다"고 말했다. 절망한 그는 자신의 왼손을 램프의 불 속에 집어넣으며 "그녀를 볼 수 있다면 이 손을 언제까지나 불 속에 남겨놓을 수 있다"라고 중얼거렸다.

그는 이 사건에 대해 기억하지 못한다고 하면서도 나중에 그의 아저씨가 램프 불을 껐던 것 같다고 말했다. 키의 아버지 요하네스 스트리커는 그녀의 거절 의사를 존중해야 한다면서 두 사람이 절대로 결혼할 수 없다는 것을 분명히 했는데, 이유는 빈세트에겐 스스로를 부양할 능력조차 없기 때문이라는 것이었다.

안톤 모브는 빈센트를 학생으로 받아들이고 수채화를 가르쳐주었다. 빈센트는 몇 달 동안 수채화 작업을 하다가 크리스마스를 지내러 집으로 갔다. 그는 교회 출석을 거부하는 문제로 아버지와 다투다가 헤이그로 돌아갔다.

1882년 1월, 모브는 빈센트에게 유화 그림을 소개하고 스튜디

오를 마련할 돈을 빌려주었다. 하지만 한 달 만에 빈센트와 모브
는 석고 모형을 그리는 것이 유용한지에 대해 의견 차이를 보였
다. 또한 빈센트는 거리의 사람들을 모델로 고용했는데, 모브는
이를 반대했던 것으로 보인다.

6월, 빈센트는 임질에 걸려 3주 동안 병원에 입원했다. 얼마 지
나지 않아 그는 테오에게서 빌린 돈으로 물감을 구입해 처음으로
유화를 그렸다. 빈센트는 페인트를 넉넉히 바른 다음 캔버스의

〈거리의 소녀와 두 대의 마차가 지나가는 배경〉(1882년) : 이 그림을 그릴 당시 동생 태오가
빈센트에게 인물보다는 풍경화를 그려보라고 권했다고 한다.

일부를 긁어냈다가 그 위에 다시 붓질하는 작업을 즐겼다. 그는 결과가 너무 좋아서 놀랐다고 말했다.

1882년 3월부터 빈센트에게 차가운 태도를 보이기 시작한 모브는 그의 서신에 더는 답장을 하지 않았다. 빈센트가 알코올중독자인 창녀 클라시나 마리아 '시엔' 호르닉, 그리고 그녀의 어린 딸과 함께 새로운 가정을 꾸렸다는 소식을 들었던 것이었다. 빈센트가 그녀를 만난 것은 1882년 1월 말이었다. 그때 그녀는 다섯 살 된 딸이 있는 데다가 임신한 몸이었고, 또 그 이전에 두 명의 아이를 출산했으나 모두 죽었는데, 빈센트는 그런 사실을 전혀 몰랐다.

1882년 7월 2일, 그녀는 빌렘이라는 남자아이를 출산했다. 그 사실을 알게 된 빈센트의 아버지가 시엔과 헤어질 것을 압박하자 빈센트는 처음엔 저항하면서 도시 외곽으로 이사하는 것을 고려했다. 그러나 1883년 말경엔 결국 시엔과 그녀의 두 아이와 작별했다. 빈센트는 그렇게 불행한 가정생활을 영위하면서 자신의 예술적인 성장을 기대할 수 없다고 생각했을 것이다. 그 뒤 가난은 시엔을 다시 매춘으로 몰았을 것으로 보인다. 그녀는 어린 딸을 자신의 어머니에게, 그리고 갓 태어난 아들 빌렘은 자신의 오빠에게 맡겼다.

빌렘은 12살 경에 로테르담을 방문했을 때 어떤 남자가 어머니 시엔에게 아들이 합법적인 신분을 얻도록 하려면 그녀가 결혼부터 해야 한다고 설득했었던 사실을 회고했다. 그는 빈센트가 자신의 아버지라고 믿었지만 그가 태어난 시기를 고려하면 그럴 가능성이 거의 없다. 시엔은 1904년 스헬더 강(River Scheldt)에 투신 자살했다.

1883년 9월, 빈센트는 네덜란드 북부의 드렌터(Drenthe)로 갔다가 외로움을 견디지 못하고, 부모와 같이 살기 위해 당시 부모가 거주하던 노르트브라반트 주(州)의 뉘넌(Nuenen)으로 다시 자리를 옮겼다.

떠오르는 화가

01
뉘넌과 앤트워프 시절
(1883~1886)

뉘넌에서 빈센트는 페인팅과 드로잉에 집중했다. 야외에서 방직공과 그들의 집을 빠르게 스케치하여 그림으로 완성했다. 그는 〈뉘넌의 목사관 정원(The Parsonage Garden at Nuenen)〉도 완성했는데, 이 작품은 네덜란드의 싱어 라렌(Singer Laren) 박물관에서 2020년 3월에 도난당했다.

1884년 8월부터 12살 연상의 이웃집 딸인 마르호트 베게만(Margot Begemann)이 그의 외출에 동행하기 시작했다. 그녀는 빈

〈뉘넌의 목사관 정원〉(1884년)

센트를 사랑했다. 그리 열정적이지는 않았지만 그도 역시 그녀를 사랑했다. 하지만 두 사람이 결혼을 합의했음에도 양쪽 가족 모두 허락하지 않았다. 이에 마르호트는 절망하여 스트리키닌(strychnine)을 과다 복용했다. 다행히 빈센트가 서둘러 그녀를 가까운 병원에 데리고 간 덕분에 생명을 건졌다.

1885년 3월 26일, 빈센트의 아버지가 심장마비로 사망했다.

1885년 빈센트는 정물화를 여러 점 그렸다. 뉘넌에 머물던 2년 동안 수많은 드로잉과 수채화, 200여 점의 유화를 완성했다. 당시 그의 팔레트는 어둡고 흙빛이 도는 색상, 특히 짙은 갈색이 주를 이루었고 말년에 그가 그린 작품을 특징짓는 밝은 색상은 전혀 보이지 않았다.

1885년 초 파리의 한 딜러가 빈센트의 작품에 관심을 보였다.

〈감자 먹는 사람들〉(1885년)

테오는 빈센트에게 전시할 수준의 작품이 있는지를 물었다. 5월, 빈센트는 그의 첫 번째 주요 작품인 〈감자 먹는 사람들(The Potato Eaters)〉과 수년간에 걸친 작업의 정점인 〈농민 성격 연구(peasant character studies)〉라는 연작을 내세웠다.

하지만 빈센트는 테오가 파리에서 그림을 팔기 위한 충분한 노력을 기울이지 않는다고 불평했고, 동생은 그림이 너무 어두워서 인상주의의 밝은 스타일과 어울리지 않는다고 반박했다. 1885년 9월, 모델을 섰던 젊은 농민 여성 중 한 명이 임신하자 빈센트는 그녀를 성폭행한 혐의로 기소되었다. 마을 성직자는 주민들에게 더 이상 그를 위해 포즈를 취하지 말라고 경고했다.

그해 11월 빈센트는 앤트워프로 가서 랑게 빌데켄스트라트(Lange Beeldekensstraat) 거리에 위치한 페인트 상점의 위층 방을 빌렸다. 그는 테오가 보내준 돈으로 그림 재료를 사고 모델을 고용하느라 제대로 먹지도 못한 채 매우 빈곤하게 살았다. 빵, 커피, 담배가 그의 주식이었다.

1886년 2월, 그는 테오에게 보낸 편지에서 지난 5월 이후 9개월 동안 따뜻한 식사를 한 것이 여섯 번에 불과하다고 밝혔다. 치아가 헐거워지고 통증이 심해졌다. 앤트워프에서 그는 색채 이

〈감자를 캐는 두 시골 여인〉(1885년)

〈펼친 《성경》, 꺼진 촛불과 소설이 있는 정물화〉(1885년 경)

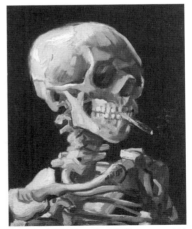

〈불붙은 담배를 물고 있는 해골〉(1885~1886년 경)

론을 공부하고 박물관에서 많은 시간을 보냈다. 특히 페테르 파울 루벤스(Peter Paul Rubens)의 작품을 연구하면서 카민(carmine), 코발트 블루(cobalt blue), 에메랄드 그린(emerald green) 등으로 팔레트를 넓혀 나갔다.

히시카와 모로노부의 목판화 〈요시와라 유곽의 로비〉 (1680년경)

빈센트는 부둣가에서 일본 우키요에 목판화를 구입하여 나중에 일부 그림의 배경에 그 스타일의 특징을 더러 도입했다. 그는 다

〈토탄 더미가 있는 농장〉(1883년경)

시 술을 많이 마시게 되었고, 1886년 2월과 3월 사이엔 병원에 입원하여 매독 치료를 받았을 가능성도 있다.

몸이 회복된 뒤 학문적 가르침에 대한 반감이 있었음에도 빈센트는 앤트워프의 미술 아카데미 상급 과정 입학시험을 치르고 1886년 1월 회화 및 드로잉과에 입학했다. 그는 과로와 잘못된 식습관, 과도한 흡연으로 병에 걸리면서 쇠약해졌다.

1886년 1월 18일, 앤트워프 아카데미의 석고 모형을 그리는 수업에 참석하기 시작했다. 하지만 얼마 되지 않아 그의 파격적인 그림 스타일 때문에 아카데미의 원장이자 페인팅 수업의 교수였던 샤를 베를랏과 마찰을 일으켰다. 드로잉 강사인 프란츠 빈크(Franz Vinck)와도 충돌했다. 그러던 중에 유젠 시베르트(Eugene Siberdt)가 제공한 석고 모형을 이용한 드로잉 수업을 받기 시작했다. 하지만 그림에 윤곽선을 표현하고 선에 집중해야 한다는 시베르트의 요구 사항을 빈센트가 따르지 않음으로써 두 사람은 갈등을 겪게 되었다.

드로잉 수업에서 빈센트는 〈밀로의 비너스(Venus de Milo)〉를 그려야 함에도 플랑드르 농촌 여인의 팔다리가 없는 나신의 상반신을 그렸다. 시베르트는 이를 자신의 예술적 지침에 대한 반항으

작가 미상 〈밀로의 비너스〉 〈기원전 130년경〉

로 간주하고 종이가 찢겨 나갈 정도로 격렬하게 크레용으로 빈센트의 그림을 수정했다. 이에 빈센트는 벼락같이 화를 내면서 시베르트에게 소리쳤다.

"당신은 젊은 여자가 어떤 모습인지 전혀 모르는군, 빌어먹을! 여자는 엉덩이와 골반이 있어야 아기를 낳을 수 있어!"

일부 기록에 의하면 빈센트는 시베르트와의 갈등을 계기로 아카데미를 그만두고 파리로 갔다고 한다. 하지만 빈센트가 시베르트에 의해 아카데미에서 퇴학당했다는 이야기는 근거가 없는 것이다. 시베르트와의 충돌이 있고서 약 한 달 뒤인 1886년 3월 31일, 아카데미의 교수들은 빈센트를 포함한 17명의 학생들을 낙제시켜 1년 동안 재수강하도록 결정했기 때문이다.

02
파리에서의 생활
(1886~1888)

빈센트는 1886년 3월 파리로 이주해 몽마르트르에 있는 테오의 아파트에서 함께 살았다. 형제는 6월 레픽 거리 54번지에 있는 더 큰 아파트를 얻었다. 빈센트는 파리에서 정물화와 친구나 지인들의 초상화를 그렸고, 르 물랭 드 라 갈레트, 몽마르트르, 아니에르, 센 강 변의 풍경을 그렸다.

이미 앤트워프에 있을 때인 1885년 일본의 우키요에 목판화에 관심을 갖게 된 그는 파리에서 수백 점의 판화를 수집해 스튜디오 벽을 장식하는 데 사용했다.

그는 〈파리 일러스트르 (Paris Illustre)〉 일본 특집호 (1886년 5월)의 표지에 실린 게이사이 에이센(渓斎英泉, 1790~1848)의 〈매춘부 또는 오이란(The Courtesan or

게이사이 에이센의 목판화(1830년경)

Oiran)〉이라는 작품을 확대해 그렸다.

그리고 갤러리 델라레바레트(Galerie Delareybarette)에서 아돌프 몬티셀리(Adolphe Monticelli)의 초상화를 본 뒤, 특히 〈생트-마리의 바다 풍경(Seascape at Saintes-Maries)〉(1888) 시리즈 같은 작품들에 더

르 물랭 드 라 갈레트와 몽마르트르 시리즈의 〈르 물랭 드 블루트-팽〉(1886년경).

40

밝은 색채와 대담한 표현을 적용했다. 2년 뒤, 빈센트와 테오는 몬티셸리의 작품집 출판을 위한 비용을 지불했다. 빈센트는 몬티셸리의 작품 중 일부를 구입해 자신의 컬렉션에 추가했다.

빈센트는 테오로부터 페르낭 코몽(Fernand Cormon)의 아틀리에

〈생트 마리-드-라-메르의 바다〉(1885년)

존 러셀 〈빈센트 반 고흐의 초상화〉(1886년)

에 대해 들어 알게 되었다. 그는 1886년 4월과 5월에 이 스튜디오에서 작업하면서 같은 해 자신의 초상화를 그린 호주 화가 존 러셀(John Russell)의 화실을 자주 방문했다.

빈센트는 동료 학생인 에밀 베르나르(Emile Bernard), 루이 앙케탱(Louis Anquetin), 그리고 파스텔로 그의 초상화를 그리게 되는 앙리 드 툴루즈 로트레크(Henri de Toulouse-Lautrec)도 만났다. 그들은 줄리앙 '페르' 탕귀(Julien 'Pere' Tanguy)의 화방(당시 폴 세잔(Paul Cezanne)의 그림이 전시된 유일한 장소)에서 만났다. 1886년, 그곳에서 점묘법(Pointillism)과 신인상주의(Neo-impressionism)를 처음으로 선보이는 두 개의 대규모 전시회가 열려 조르주 쇠라(Georges Seurat)와 폴 시냑(Paul Signac) 등에게서 주목받았다.

테오는 몽마르트르 대로에 있는 자신의 갤러리에 인상주의 그림들을 보관하고 있었지만 빈센트는 예술의 새로운 발전을 더디게 인식했다. 형제간에 갈등이 고조되었다. 1886년 말경 테오는 더 이상 빈센트와 같이 살 수 없다고 판단했다. 하지만 1887년 초, 두 사람은 다시 평온을 되찾았다. 빈센트는 파리 북서쪽 교외의 아니에르로 이사하여 그곳에서 시냑을 알게

조르주 쇠라가 그린 〈폴 시냑의 초상화〉(1890년)

되었다. 그는 캔버스에 여러 개의 작은 색 점을 찍어내는 점묘법 (Pointillism)을 채택했다. 멀리서 보면 이 점들이 서로 섞여 다양한 색상을 형성한다. 이 스타일은 파란색과 주황색처럼 서로 반대되는 색이 어떻게 강한 대비를 이루는지를 강조해서 보여주는 것이었다.

아니에르에 있는 동안 빈센트는 공원, 레스토랑, 센 강을 가로지르는 다리를 포함한 강 주변 풍경을 그렸다.

1887년 11월, 테오와 빈센트는 막 파리에 도착한 폴 고갱과 친구가 되었다.

〈아니에르의 센 강에 떠 있는 목욕 수레〉(1887년)

연말에 빈센트는 베르나르(Bernard), 앙케탱(Anquetin), 툴루즈 로
트레크(Toulouse-Lautrec)와 함께 몽마르트르의 클리시 43번가에 위
치한 그랑부용(Grand-Bouillon) 레스토랑 뒤에 있는 샬레(Chalet)에
서 전시회를 열었다. 베르나르는 당시의 보고서에서 이 전시회가
파리에서 열린 그 어떤 전시회보다 더 발전된 전시회였다고 언급
했다.

이 전시회에서 베르나르와 앙케탱은 처음으로 그림을 판매했
고, 빈센트는 고갱과 작품을 교환했다. 미술, 화가, 그리고 그들
의 삶에 대한 토론이 그곳에서 시작되어 카미유 피사로(Camille

Pissarro, 인상주의 화가)와 그의 아들 루시앙(Lucien, 풍경화가), 폴 시냑(Paul Signac, 점묘법 사용으로 유명), 조르주 쇠라(Georges Seurat, 신인상주의 창시자) 등 전시회를 찾은 방문객들의 참여로 확대되었다.

1888년 2월, 파리 생활에 지친 빈센트는 파리를 떠나기로 했다. 그가 파리에 머문 2년 동안 그린 작품은 200여 점 이상이었다. 출발하기에 앞서 그는 테오와 함께 조르주 쇠라의 스튜디오로 찾아가 작별 인사를 나누었다. 그것이 쇠라에 대한 최초의 방문이자 마지막 방문이었다.

폴 고갱과 그의 아내 메트(1885년)

툴루즈 로트레크가 그린 〈에밀 베르나르의 초상화〉(1886년)

예술적 혁신의 돌파구

01
아를 거주 시절
(1888~1889)

1888년 2월, 술과 흡연으로 인한 기침으로 병을 앓던 빈센트는 아를(Arles)로 휴양을 떠났다. 그는 그곳에 예술 공동체를 설립할 생각인 것 같았다. 덴마크 화가 크리스티안 무리에 페테르센(Christian Mourier-Petersen)이 두 달 동안 동행했다. 처음에는 아를이 빈센트에게 이국적으로 보였다. 그는 편지에서 그곳을 외국이라고 묘사했다.

"주아브(The Zouaves, 1830~1962년에 있던 프랑스 경보병 연대), 매춘업소, 첫 영성체를 하러 가는 사랑스러운 어린 알레시엔(Arlesienne,

46

아를에 사는 시골 소녀), 위험한 코뿔소처럼 생긴 성직자, 압생트 술을 마시는 사람들, 이 모든 것이 내게는 다른 세계에서 온 생명체들처럼 보였다."

빈센트는 아를에서 가장 생산적인 시간을 보냈다. 200점 이상의 페인팅, 100점 이상의 드로잉과 수채화를 그렸다. 전원생활과 강렬한 햇빛은 그에게 에너지를 주었다. 그는 이 시기에 노란색, 파란색, 보라색을 많이 사용하여 추수 장면, 밀밭, 다양한 농촌의 랜드마크를 주로 그렸는데, 일례로 〈오래된 방앗간(The Old Mill)〉(1888, 폴 고갱Paul Gauguin, 에밀 베르나르Emile Bernard, 샤를 라발 Charles Laval 등과의 미술 교류의 일환으로 1888년 10월 4일 퐁타벤Pont-Aven에 보낸 7점의 그림 중 하나)을 들 수 있다.

1888년 3월, 빈센트는 격자무늬의 '원근법 프레임'을 사용해 풍경화를 그렸다. 그중 세 작품은 독립 미술가 협회(Societe des Artistes Independants) 연례 전시회에 출품되었다. 4월에는 퐁비유 근처에 살고 있던 미국인 예술가 닷지 맥나이트(Dodge MacKnight)가 그를 방문했다.

1888년 5월 1일, 빈센트는 월 임대료 15프랑에 라마르틴 2번지

에 있는 '옐로우 하우스(Yellow House)'의 방 4개에 세 들었다. 방은
가구가 비치되지 않았고 몇 달 동안 사람이 살지 않은 상태였다.

〈오래된 방앗간〉(1888년)

옐로우 하우스에 입주하기 전 가구를 비치할 시간이 필요했기 때문에 빈센트는 1888년 5월 7일에 자신이 머물던 호텔 카렐(Hotel Carrel)에서 '카페 드 라 가레(Cafe de la Gare)'에 방 하나를 빌려 옮겼다. 빈센트는 그곳의 소유주인 조제프 미쉘 지누(Joseph-Michel Ginoux), 그의 아내인 마리(Marie Ginoux)와 친구가 되어 그곳을 스튜디오로 사용할 수 있었다. 그는 〈반 고흐의 의자(Van Gogh's Chair)〉(1888), 〈아를의 침실(Bedroom in Arles)〉(1888), 〈밤의 카페(The Night Cafe)〉(1888), 〈밤의 카페 테라스(Cafe Terrace at Night)〉(1888),

〈옐로우 하우스〉(1888년경)

〈아를의 침실〉(1888년)

〈밤의 카페〉(1888년)

〈밤의 카페 테라스〉(1888년)

〈론강의 별이 빛나는 밤〉(1888년)

〈해바라기 네 번째 버전〉(1888년)

〈론강의 별이 빛나는 밤(Starry Night Over the Rhone)〉(1888), 정물화 〈열두 송이의 해바라기 꽃병 (Vase with Twelve Sunflowers)〉(1888) 을 그렸는데, 모두 옐로우 하우스 장식을 위한 작품들이었다.

빈센트는 6월에 생트-마리-드- 라-메르(Saintes-Maries-de-

〈석양에 씨 뿌리는 사람〉(1888년경)

la-Mer)를 방문했다. 그 시절에 주아브 중위인 폴 외젠 밀리에트 (Paul-Eugene Milliet)를 가르치고 바다의 배와 마을을 그렸다. 미국 인상파 화가 닷지 맥나이트(Dodge MacKnight, 호주 화가 존 러셀을 통해 파리에서 처음 알게 됨)는 빈센트에게 퐁비유에 가끔 머물던 벨기에 화가 외젠 보슈(Eugene Boch)를 소개했다. 두 사람은 7월에 서로를 방문했다.

빈센트가 1888년 9월에 완성한 〈밤의 카페(The Night Cafe)〉는 '카

〈생트-마리 해변 위의 어선〉(1888년)

페 드 라 가레'를 그린 것이었다. 그는 동생 테오에게 보낸 편지에
서 다음과 같이 말했다.

"오늘은 내가 방을 빌려 쓰고 있는 카페의 내부를 칠하기 시작
할 거야. 저녁에는 가스 불빛 아래서 작업하지. 이런 곳을 '야간
카페(cafe de nuit)'라고 하는데, 이곳에서는 꽤 흔하게 볼 수 있어.
밤새도록 문을 열기 때문에 '밤을 배회하는 사람들'이 머물 곳이
없거나 너무 취해서 다른 곳에 갈 수 없을 때 쉼터 역할을 하는
곳이지."

02
고갱의 방문
(1888)

1888년 고갱이 아를을 방문하기로 하자 빈센트는 그와 우정을 나누고 미술가 공동체에 대한 자신의 생각을 나누기를 바랐다. 그는 일주일 동안 네 가지 버전의 해바라기 그림을 그리며 고갱의 방문을 준비했다. 그는 테오에게 보낸 편지에서 "고갱과 함께 우리만의 스튜디오에서 살 수 있기를 희망하고 해바라기 꽃으로만 스튜디오를 장식하고 싶다"라고 말했다.

빈센트는 우편물 배달원 조제프 룰랭(Joseph Roulin)의 조언으로 고갱을 위해 2개의 침대를 구입했다. 그는 룰랭의 초상화를 그린 적이 있었다.

같은 해 9월 17일, 빈센트는 아직 가구가 완전히 갖추어지지 않은 옐로우 하

조제프 룰랭의 초상화(1888년)

〈반 고흐의 의자〉(1888년)　　　　〈폴 고갱의 의자〉(1888년)

우스에서 처음으로 밤을 보냈다. 고갱이 아를에서 같이 거주하며 작업하겠다고 하자 빈센트는 옐로우 하우스의 실내를 아름답게 꾸미기 시작했는데, 이는 그의 생애에서 가장 열정적인 작업이었다. 그는 의자에 관한 2점의 작품-〈반 고흐의 의자(Van Gogh's Chair)〉와 〈고갱의 의자(Gauguin's Chair)〉-을 완성했다.

　빈센트의 간곡한 요청을 받고 10월 23일 고갱이 아를에 도착했다. 두 사람은 같이 그림을 그렸다. 이때의 작품 중에는 〈에텐의 정원에 대한 기억(Memory of the Garden at Etten)〉도 포함되었다.
　두 사람의 첫 번째 야외 공동 작업은 알리스콤(Alyscamps)에서 〈레

폴 고갱 〈해바라기 화가〉(1888년) : 그림 속의 인물은 빈센트 반 고흐

알리스콩(Les Alyscamps)〉이라는 펜던트(pendant, 한 쌍의 작품)를 제작한 것이었다. 고갱은 이곳에 머무는 동안 '해바라기를 그리는 화가'의 모습으로 빈센트의 초상화를 그렸다.

〈에텐의 정원에 대한 기억(아를의 여인들)〉(1888년)

빈센트와 고갱은 1888년 12월 몽펠리에(Montpellier)를 방문했다. 그곳 파브

르 미술관(Musee Fabre)에서 귀스타브 쿠르베(Gustave Courbet)와 외젠 들라크루아(Eugene Delacroix)의 작품들을 관람했다. 빈센트는 고갱을 존경했고 자신도 그로부터 동등한 대우를 받기를 원했다. 하지만 고갱은 오만하고 거만하여 빈센트를 좌절시켰다. 빈센트가 '과도한 긴장감'이라고 표현한 상황은 곧 위기로 치달았다.

03
아를에서의 입원
(1888년 12월)

반 고흐가 귀를 자른 정확한 이유는 확실하게 밝혀지지 않았다. 15년 뒤에 고갱은 사건 전날 밤 빈센트가 여러 차례 위협적인 행동을 취했다고 주장했다. 테오가 고갱에게 빚을 졌다는 의혹, 그리고 반 고흐 형제가 그를 금전적으로 이용하고 있다는 의심이 두 사람 간의 우정에 금이 가게 했다는 것이었다. 어쩌면 빈센트는 고갱이 그곳을 떠나기로 결심했다는 것을 진작 눈치챘을 수도 있다.

고갱은 며칠 동안 폭우가 내려 옐로우 하우스에 갇혔다가 날씨가 개자 산책을 나갔고, 이때 빈센트가 손에 면도칼을 쥔 채 자신을 따라왔다고 주장했지만 이 이야기는 확인되지 않았다. 하지만 그날 밤 고갱이 옐로우 하우스가 아닌 호텔에 묵었다는 것만큼은 분명해 보인다.

1888년 12월 23일 저녁, 빈센트는 고갱과 심하게 다툰 뒤 자신의 방으로 돌아갔다. 그는 환청을 들었을 것으로 추측된다. 면도칼로 왼쪽 귀의 일부 또는 전부를 잘랐고, 상당한 출혈이 있었다. 그는 상처에 붕대를 감은 뒤, 잘린 귀를 종이에 싸서 고갱과 자주 방문하던 매춘업소의 한 여성에게 소포로 전달했다.

다음 날 아침, 경찰관이 의식을 잃고 쓰러진 빈센트를 발견하여 병원에 데려갔다. 젊은 의사 펠릭스 레이(Felix Rey)가 그를 치료해 주었다. 잘린 귀는 병원에 전달되었지만 시간이 너무 많이 흘렀다고 판단한 의사는 봉합 수술을 시도조차 하지 않았다.

빈센트 연구자이자 미술사학자인 베르나데트 머피(Bernadette Murphy)는 귀를 소포로 받은 여성의 이름이 가브리엘(Gabrielle)이라는 것을 확인했다. 가브리엘은 1952년 80세로 아를에서 죽었는데, 그녀의 후손은 2020년에도 여전히 아를 외곽에 거주하고 있다고 한다. 당시 17살로 '개비(Gaby)'라는 애칭으로 불렸던 가브리

〈입에 파이프를 물고 귀에 붕대를 감은 반 고흐〉(1889년)

엘은 매춘업소 등에서 청소를 해주는 일을 하고 있었다고 전해진다.

빈센트는 스스로 자신의 귀를 자른 사건을 기억조차 하지 못했는데, 이는 그가 급성 신경쇠약증에 걸렸을 가능성을 암시하는 것이었다. 의사의 진단은 '전반적인 섬망(譫妄)을 동반한 급성 조증'이었다. 현지 경찰은 그에게 병원에서 치료받을 것을 지시했다.

12월 24일, 고갱은 그 사실을 즉시 테오에게 알렸다. 그날은 테오가 오랜 친구인 미술상 앙드리 봉허(Andries Bonger)의 여동생 요한나에게 프로포즈를 한 날이었다. 테오는 그날 저녁 급히 기차에 올라타 아를로 향했다. 크리스마스 날에 도착한 그는 반쯤 정신이 돌아온 형을 위로한 뒤, 그날 저녁 파리행 기차에 올랐다.

치료 초기, 빈센트는 여러 차례 고갱에 대해 물었지만 속 시원한 답을 듣지 못했다. 고갱은 사건을 담당한 경찰관에게 "이 사람이 깨어나 나를 찾으면 파리에 갔다고 말해주세요. 나를 보면 그가 충격을 받을 수 있습니다"라고 말했다. 고갱은 아를을 떠나면서 다시는 빈센트를 만나지 않겠다고 다짐했다. 하지만 그 뒤에도 두 사람은 계속 연락을 주고받았다. 1890년엔 고갱이 앤트워프에 스튜디오를 만들자고 제안하기도 했다. 이때 병원을 찾은 방문객엔 마리 지누와 룰랭도 있었다.

비관적인 진단에도 불구하고 빈센트는 회복하여 1889년 1월 7일 옐로우 하우스로 돌아갔다. 한 달 동안 그는 환각과 독살당하는 망상에 시달려 병원과 집을 오갔다. 3월, 경찰이 빈센트를 '빨간 머리

〈아를 병원의 정원〉(1889년)

의 광인(the redheaded madman)'이라 묘사한 30명의 마을 주민(지누 부부 포함)의 청원으로 그의 집을 폐쇄하자 빈센트는 병원으로 돌아갔다. 3월에는 폴 시냑이 두 번이나 그를 방문했다.

4월에 빈센트는 홍수로 인해 집에 있던 그림이 손상되자 의사인 레이 박사의 집으로 거처를 옮겼다. 두 달 뒤 그는 아를을 떠나 자진해서 생레미정신병원에 입원했다. 이 무렵 그는 "때로는 형언할 수 없는 고뇌 속에 빠져들었고, 때로는 시간의 베일이 한 순간에 찢어지는 것 같은 느낌이 들 때도 있다"라고 기록했다.

빈센트는 1889년 〈의사 펠릭스 레이의 초상화(Portrait of Doctor Felix Rey)〉를 레이 박사에게 선물했다. 의사는 이 그림이 마음에

들지 않아 10년 넘게 닭장 구멍을 막는 데 사용하다가 다락에 처박아두었다. 이 그림은 여러 사람을 거쳐 푸시킨미술관에 소장되었는데, 2016년 기준 5천만 달러(671억 원) 이상의 가치가 있는 것으로 추정되고 있다.

〈의사 펠릭스 레이의 초상화〉(1889년)

04

생레미 정신병원 시절

(1889년 5월~1890년 5월)

1889년 5월 8일, 빈센트는 개신교 성직자인 프레데릭 살레즈 (Frederic Salles)의 보호를 받으며 아를에서 30km 정도 떨어진 생레미 (Saint-Remy)에 위치한 생폴드모졸(Saint-Paul-de-Mausole) 요양원 에 입원했다.

요양원은 해군 군의관을 지낸 테오필 페이론(Theophile Peyron) 이 운영하는 시설로 전 에는 수도원으로 사용 되던 곳이었다. 빈센트 는 창문에 창살이 붙은 두 개의 독방을 배정받 았는데, 그중 하나를 작 업실로 사용했다. 그는 병원과 그 정원을 주로 그렸다. 예를 들어, 〈요 양원 현관(Vestibule of the

〈생폴드 요양원 정원의 나무들〉(1889년)

〈라일락 덤불〉(1889년)

Asylum)〉과 〈생레미(Saint-Remy)〉(1889년 9월), 〈라일락(Lilacs)〉(1889년 5월) 같은 작품들이었다.

이 시기에 빈센트가 그린 작품 중에는 〈별이 빛나는 밤(The Starry Night)〉과 같이 소용돌이치는 패턴이 특징인 작품도 있었다.

〈별이 빛나는 밤〉(1889년)

빈센트는 병원 측 직원의 감독하에 짧게 산책할 수 있었다. 그는 요양원에 있으면서 사이프러스와 올리브나무가 등장하는 장면을 그렸다. 주목할 만한 작품으로는 〈쟁기꾼이 위에서 본 계곡 (Valley with Ploughman Seen from Above)〉, 〈알프스를 배경으로 한 올리브나무(Olive Trees with the Alpilles in the Background)〉(1889), 〈사이프러스(Cypresses)〉(1889), 〈사이프러스가 있는 옥수수밭(Cornfield with Cypresses)〉(1889), 〈밤의 프로방스 시골길(Country Road in Provence by Night)〉(1890) 등이 있고, 1889년 9월에는 〈아를의 침실(Bedroom

〈쟁기꾼이 위에서 본 계곡〉(1889년)

〈알프스를 배경으로 한 올리브나무〉(1889년)

〈사이프러스가 있는 밀밭〉(1889년 6월)

〈아를의 침실 3차 버전〉〈1889년〉

in Arles)〉과 〈정원사(The
Gardener)〉의 두 가지 버
전을 추가로 제작했다.

외부 세계와의 접촉이
제한되면서 그릴 소재가
부족해지자, 빈센트는
장—프랑수아 밀레(Jean—
Francois Millet)의 〈씨 뿌

〈정원사〉(1889년)

밀레의 〈씨 뿌리는 사람〉(1850년)

리는 사람(The Sower)〉, 〈정오의 휴식(Noonday Rest)〉 등 다른 예술가들의 그림을 재해석한 변형 작품들을 만들어냈다.

그는 쥘 브르통(Jules Breton), 구스타브 쿠르베(Gustave Courbet), 밀레(Millet)와 같은 화가들의 사실주의에 매료되었고, 자신의

고흐의 〈씨 뿌리는 사람〉(1888년) : 밀레의 작품을 재해석하여 그린 작품

작품 활동을 베토벤의 곡을 해석하는 음악가에 비유하기도 했다.

〈죄수들의 원형보행(Prisoners' Exercising)〉(1890)은 구스타브 도레 (Gustave Dore)의 판화를 보고 그린 작품이었다. 《빈센트 반 고흐 (Vincent Van Gogh)》를 저술한 벨기에 언론인 마크 에도 트랄바우 (Marc Edo Tralbaut)는 그림 중앙에서 관객을 바라보는 죄수의 얼굴 이 빈센트라고 주장했지만, 네덜란드 미술사학자 얀 훌스커(Jan Hulsker)는 동의하지 않았다.

1890년 2월과 4월 사이에 빈센트는 병이 재발하여 심각한 상태

빈센트가 밀레의 〈정오의 휴식〉을 재해석하여 그린 그림(1890년)

〈죄수들의 원형보행〉(1890)

가 되었다. 하지만 우울증에 빠져 글을 쓸 엄두를 내지 못하던 이 시기에도 그림은 조금씩 그릴 수 있었다. 그는 후에 테오에게 보낸 편지에서 "기억을 더듬어……북쪽 지방에 대한 추억의 흔적"을 몇 개의 작은 캔버스에 묘사했다고 적었다. 그때의 작품으론 〈해질녘 눈 덮인 들판에서 땅을 파는 두 여성 농민(Two Peasant Women Digging in a Snow-Covered Field at Sunset)〉도 포함된다.

홀스커는 이 작은 그림들이 반 고흐가 이 시기에 그린 풍경과 인물이 등장하는 수많은 드로잉과 연습 스케치의 핵심이라고 평가한다. 또한 이 짧은 시기에만 질병이 그의 작품에 큰 영향을 미쳤다고 주장한다.

빈센트는 어머니와 동생에게 집에 보관 중인 작품들을 보내 달라고 요청했는데, 1880년대 초 자신이 그린 드로잉과 초벌 작품이었다. 그는 이 오래된 작품들을 새로운 그림의 기초로 사용할

〈해질녘 눈 덮인 들판에서 땅을 파는 두 여성 농민〉(1890년) : 밀레의 작품을 재해석하여 그린 작품

생각이었다. 이 시기에 빈 센트는 〈슬픔에 잠긴 노인 (Sorrowing Old Man)〉을 제 작했는데, 홀스커는 이 작 품에 대해 "오래전에 있었 던 일에 대한 또 다른 틀림 없는 기억"이라고 해석했 다. 미술 평론가 로버트 휴 즈(Robert Hughes)는 빈센트

〈슬픔에 잠긴 노인〉(1890년)

의 말기 그림에서 "간결함과 우아함에 대한 갈망"이 절정에 달한 예술가의 모습을 발견할 수 있었다고 지적했다.

빈센트는 조카가 태어난 뒤에 이렇게 썼다.

"나는 즉시 조카의 침실에 걸어둘 그림을 그렸다. 푸른 하늘을 배경으로 하얀 아몬드 꽃이 핀 나뭇가지였다."

〈1890년 전시회〉

시인이자 화가인 알베르 오리에(Albert Aurier)는 1672년에 창간된 유서 깊은 문예지 〈머큐어 드 프랑스(Mercure de France)〉 1890년 1월호에서 빈센트 반 고흐를 '천재'라고 말하며 그의 작품을 극찬했다. 2월에 빈센트는 다섯 가지 버전으로 〈아를 출신의 부인 마담 지누(L'Arlesienne Madame Ginoux)〉를 그렸는데, 이는 지누 부인이 1888년 11월에 빈센트와 고갱, 두 화가를 위해 모델 자세를 취했을 때 고갱이 목탄으로 스케치한 작품을 토대로 한 것이었다.

1890년 2월, 빈센트는 브뤼셀의 아방가르드 미술가 협회인 Les XX 주최 연례 전시회에 초대를 받았다. 오프닝 만찬에서 Les XX 회원인 앙리 드 그루(Henry de Groux)가 빈센트의 작품을 모욕했다가 앙리 드 툴루즈 로트레크(Henri de Toulouse-Lautrec)가 사과를 요구하고 나섰다. 시냑(Signac)도 빈센트의 명예를 위해 싸우겠다고 하자 앙리 드 그루는 마지못해 사과하고 Les XX 그룹을 떠났다.

빈센트는 1890년 3월 20일부터 4월 27일 사이에 제6회 독립 미술가 협

〈아를 출신의 부인〉(1890년)

회 전시회에 참가해 10점의 작품을 선보였다. 샹젤리제 거리의 파빌리옹 드 라 빌 드 파리(Pavillon de la Ville de Paris)에서 열린 이 전시회에서 클로드 모네(Claude Monet)는 전시된 작품들 중 빈센트의 작품이 최고라고 칭찬했다.

05

오베르쉬르우아즈(Auvers-sur-Oise) 시절

(1890년 5월~7월)

1890년 5월, 빈센트는 파리에 있는 폴 가셰(Paul Gachet) 박사
와 테오에게 더 가까이 있기 위해 파리 근교인 오베르쉬르와즈
(Auvers-sur-Oise)로 이사했다. 화가 카미유 피사로(Camille Pissarro)

〈오베르의 베세노(Les Vessenots a Auvers)〉(1890년) : 빈센트가 사망하기 2주 전에 완성한 작품

〈도비니의 정원〉(1890년)

가 가셰를 빈센트에게 주치의로 추천했다. 가셰는 아마추어 화가로 다른 여러 예술가를 치료한 경험이 있었는데, 가셰에 대한 빈센트의 첫인상은 가셰가 "나보다 더 병약한 것 같다"는 것이었다.

오베르쉬르와즈는 1861년 화가 샤를 도비니(Charles Daubigny)가 아름다운 경치에 매료되어 이주한 뒤 다른 화가들도 하나둘 합류해 서서히 화가 마을로 자리 잡게 된 곳이었다. 빈센트는 1890년 7월에 평소 존경하던 도비니의 집을 방문하여 〈도비니의 정원(Daubigny's Garden)〉을 두 점 그렸다. 그중 한 점이 그의 마지막 작품일 가능성이 높다.

빈센트가 오베르쉬르와즈에 거주하며 그린 70여 점의 그림 중

〈의사 폴 가셰의 초상화〉(1989년)

상당수는 북쪽의 풍경을 떠올리게 한다. 이는 그가 생레미를 떠나기 몇 주 전부터 '북쪽에 대한 기억'에 사로잡혀 있었기 때문이었다. 1890년 6월, 그는 유명한 〈의사 폴 가셰의 초상(Portrait of Dr. Gachet)〉을 비롯해 의사의 초상화를 여러 점 그렸고, 유일한 에칭 작품도 제작했다. 이 작품들은 가셰 박사의 슬픈 분위기를 드러나 보이게 한다. 또한 〈언덕 위의 초가집(Thatched Cottages by a Hill)〉과 같은 미완성 그림도 남겼다.

〈언덕 위의 초가집〉(1890년)

빈센트는 5월의 푸르른 밀밭에 매료되었다. 그는 테오에게 "바다처럼 끝없이 펼쳐진 언덕을 배경으로 한 섬세하게 노란색의 광활한 평원"에 깊이 빠져들었다면서 "격렬한 하늘 아래의 광활한 밀밭"이라고 표현했다.

그는 자신의 그림들에 '슬픔과 극도의 외로움'이 나타나 있다고

〈까마귀가 나는 밀밭〉(1890년)

〈먹구름 아래 밀밭〉(1890년)

말했다. 그리고 "캔버스는 내가 말로 표현할 수 없는 것, 즉 시골이 얼마나 건강하고 활력을 주는지 말해줄 것"이라고 썼다.

〈오베르의 교회〉(1890년)

홀스커는 그가 1890년 7월에 그린 작품 〈까마귀가 나는 밀밭(Wheatfield with Crows)〉이 "우울함과 극도의 외로움"과 관련이 있다고 해석했다.

06
죽음

1890년 7월 27일, 빈센트 반 고흐는 자신의 가슴을 향해 리볼버 권총의 방아쇠를 당겼다.

총격 사건은 그가 그림을 그리던 밀밭이나 동네 헛간에서 일어났을 가능성이 있다. 총알은 갈비뼈에 의해 굴절되어 내부 장기에 뚜렷한 손상을 주지 않고 가슴을 관통한 뒤 척추에서 멈췄던 것 같다. 그는 걸어서 자신을 돌보는 의사가 두 명이나 있는 오베르주 라부 병원에 갈 수 있었다. 그중 한 명인 가셰 박사는 1870년 전쟁 외과의로 복무한 경험이 있어 총상에 대한 폭넓은 지식을 가지고 있었다.

빈센트는 밤에 가셰 박사의 아들인 폴 루이 가셰(Paul Louis

Gachet), 빈센트가 머물던 여관의 주인인 아서 라부(Arthur Ravoux)의 보살핌을 받았을 것으로 추정된다.

다음 날 아침, 병원으로 달려온 테오는 형의 정신 상태가 양호한 것을 확인했다. 하지만 얼마 되지 않아 총상에 의한 감염으로 급격하게 상태가 악화되었다. 그는 7월 29일 이른 시간에 죽었다. 그의 나이 37세였다. 테오가 전한 빈세트의 마지막 말은 이러했다.

"슬픔은 영원히 지속된다."

빈센트는 7월 30일 오베르쉬르와즈 시립묘지에 묻혔다. 장례식에는 동생인 테오, 앙드리 봉허(Andries Bonger), 샤를 라발(Charles Laval), 루시앙 피사로(Lucien Pissarro), 에밀 베르나르(Emile Bernard), 줄리앙 탕귀(Julien Tanguy), 폴 가셰(Paul Gachet) 등 가족, 친구 및 지역 주민 20여 명이 참석했다.

빈센트가 그린 〈테오의 초상화〉(1887년) : 처음엔 빈센트의 자화상이라 알려졌지만 2011년 전문가들의 분석에 의해 그림 속 인물이 테오라는 사실이 밝혀졌다.

매독을 앓고 있던 테오는 형의 죽음 이후 건강이 급격

히 악화되었다. 형의 부재를 견디기 힘들어하던 그는 빈센트가 사망한 지 약 6개월 뒤인 1891년 1월 25일 덴 도더에서 사망하여 위트레흐트에 묻혔다. 그의 나이 겨우 33세였다. 1914년 요한나 반 고흐-봉허는 남편 테오의 시신을 오베르쉬르와즈 시립묘지로 이장하여 빈센트 옆에 묻었다.

빈센트 반 고흐가 앓은 병의 이름과 그 병이 작품에 미친 영향에 대해 많은 논의가 있어 왔다. 하지만 그가 정상적인 활동이 가능할 때와 그렇지 않을 때를 반복하게 하는 병을 앓았다는 것에는 대부분 같은 생각이다. 그가 어떤 병을 앓았는지는 분명하게 밝혀진 것이 없지만 그의 상태가 영양실조, 과로, 불면증, 알코올로 인해 악화된 것만은 확실한 것 같다.

오베르쉬르와즈에 있는 빈센트와 테오의 무덤.

07
스타일과 작품

빈센트는 학창 시절 수채화 작품을 그렸지만 몇 점만 남아 있고, 그마저도 일부 작품의 경우 진위의 논란이 있다. 성인이 되어 미술을 시작했을 때, 그는 기본 기술부터 시작했다. 1882년 초, 암스테르담에서 유명한 현대 작품 갤러리를 운영하던 삼촌 코넬리스 마리누스(Cornelis Marinus)가 그에게 헤이그 풍경을 그려달라고 요청했다. 빈센트의 작품은 그의 기대에 미치지 못했다. 마리누스는 주제를 자세히 명시하여 두 번째로 의뢰했지만, 이번에도 결과는 실망스러웠다.

빈센트는 조절 가능한 셔터와 여러 가지 그림 도구를 사용하여 스튜디오에서 다양한 조명을 시도하며 계속 그림을 그렸다. 1년이 넘는 기간 동안 그는 세밀하게 연구한 인물 한 명을 흑백으로 그리는 데 집중했다. 당시에는 비판을 받았지만 이 작품들은 훗날 초기 걸작으로 인정받게 된다.

1882년 8월, 테오는 빈센트에게 야외에서 그림을 그리기 위한 재료를 사라고 돈을 주었다. 빈센트는 이제 "새로운 활력을 가지고 그림을 그릴 수 있게 되었다"고 썼다.

1883년 초부터 그는 여러 인물이 등장하는 작품을 그렸다. 그 중 일부는 사진으로 찍었지만 생동감과 신선함이 부족하다는 동생의 지적에 따라 사진을 참고하는 방식을 폐기하면서 유화로 전환했다. 빈센트는 요한 헨드릭 바이센브루흐(Johan Hendrik Weissenbruch)와 베르나르트 블롬머스(Bernard Blommers) 같은 유명한 헤이그 학파의 미술가들, 그리고 헤이그 학파의 2세대 화가인 드 보크(De Bock)와 반 데르 벨레(Van der Weele)로부터 기술적인 조언을 받았다. 그는 드렌테(Drenthe)에서 짧은 시간을 보낸 뒤 뉘넌(Nuenen)으로 이주하여 몇 개의 대형 페인팅 작업을 시작했지만 대부분 폐기했다. 〈감자 먹는 사람(The Potato Eaters)〉과 관련 작품들만 살아남았다.

암스테르담 국립미술관(Rijksmuseum)을 방문한 뒤 빈센트는 네덜란드 거장들, 특히 렘브란트(Rembrandt)와 프란스 할스(Frans Hals)의 빠르고 경제적인 붓놀림에 감탄했다고 썼다. 그는 자신의 많은 실수가 경험과 기술, 전문성 부족 때문이라는 것을 알고 있었기 때문에 1885년 11월엔 앤트워프, 이후 파리로 건너가 기술을 배우고 발전시키기 위해 노력했다.

테오는 〈감자 먹는 사람들〉의 어두운 색감이 모던한 스타일에 어울리지 않는다고 비판했다. 빈센트는 1886년에서 1887년 사이 파리에 머무는 동안 새롭고 밝은 팔레트를 마스터하려고 노력했다. 〈페르 탕귀의 초상(Portrait of Pere Tanguy)〉(1887)은 더 밝은 팔레트를 사용하여 그가 발전하고 성공하고 있음을 보여주는 증거였다.

빈센트는 미술평론가 샤를 블랑(Charles Blanc)의 색채에 관한 논문에 매료되어 보색을 사용하게 되었다. 그는 색이 단순히 사물을 묘사하는 것 이상의 역할을 한다고 생각해 "색은 그 자체로 의미가 있다"고 말했다. 호주 평론가 로버트 휴즈(Robert Hughes)에 따르면, 빈센트는 "인간의 끔찍한 정열을 표현"하고자 했던 작품 〈밤의 카페(The Night Cafe)〉의 화려한 빨강과 초록색에서 볼 수 있듯이, 색이 "심리적, 도덕적 무게"를 지닌다고 인식했다는 것이었다. 노

〈페르 탕귀의 초상화〉(1887년과 1888년 사이) : 빈센트가 두 번째로 그린 탕귀의 초상화

란색은 감정적 진실을 상징하기 때문에 그에게 가장 큰 의미가 있었다. 그는 노란색을 햇빛, 생명, 신의 상징으로 사용했다.

빈센트는 농촌 생활과 자연을 그리는 화가가 되고자 했다. 아를에서 첫 번째 여름을 보내면서 새로운 팔레트를 사용해 풍경과 전통적인 농촌 생활을 그렸다. 그는 자연 이면에 힘이 존재한다는 믿음으로 때로는 상징을 사용하여 그 힘의 감각, 즉 자연의 본질을 캔버스에 담아내려고 노력했다.

그가 장 프랑수아 밀레(Jean-Francois Millet)의 작품을 모방한 〈씨 뿌리는 사람(The Sower)〉은 토마스 칼라일(Thomas Carlyle)과 프리드리히 니체(Friedrich Nietzsche)의 '노력의 고귀함'에 대한 사상과 빈센트 자신의 종교적 신념이 작품에 영향을 미쳤음을 암시하는 작품이었다.

'씨 뿌리는 사람'을 뜨거운 태양 아래서 생명을 전파하는 그리스도의 상징으로 보았던 것이다. 그는 이러한 주제와 아이디어를 작품에 적용했고, 전통적인 기독교 상징을 사용하는 대신 자신만의 상징을 창조해냈다. 그는 인생은 태양 아래서 살아가는 것이고, 작품은 삶 자체를 상징하는 것으로 보았다. 그가 〈씨 뿌리는 사람(The Sower)〉를 그릴 준비가 되었다는 자신감을 얻게 된 것은 아를에서 봄꽃을 그리며 밝은 햇빛을 포착하는 방법을 익힌 뒤였다.

빈센트는 '현실의 모습'이라고 불리는 것들에 충실했으며 지나치게 양식화된 작품을 선호하지 않았다. 그는 나중에 〈별이 빛나는 밤(Starry Night)〉에서의 추상성이 너무 지나쳐서 현실이 "너무 뒤로 물러나 버렸다"고 썼다. 휴즈는 이것을 '강렬하게 환상적인 황홀경의 순간'이라 표현했다. 별들은 가츠시카 호쿠사이(Katsushika Hokusai, 일본 에도 시대의 우키요에 화가로 3만 장이 넘는 작품을 남겼다)의 작품 속 거대한 파도와 비슷하게 극적으로 소용돌이치고 있다. 하늘의 움직임은 땅 위의 편백나무의 움직임에 반영되며, 화가의 시각은 "두껍고 강렬한 물감의 플라스마로 표현된다."

가츠시카 호쿠사이 〈가나가와 앞바다의 큰 파도〉(1831년)

1885년부터 1890년 사망할 때까지 빈센트는 자신의 독특한 비전을 반영하면서도 상업적으로 성공할 가능성이 있는 작품을 제작한 것으로 보인다. 그는 샤를 블랑이 내린 스타일에 대한 정의(定義)에 영향을 받아서 진정한 그림은 색상, 원근법, 붓질을 최적으로 활용해야 한다고 생각했다. 빈센트는 많은 습작용 연작을 그렸는데, 대부분은 정물화였다. 이러한 그림은 주로 색채 실험을 하거나 친구에게 선물하기 위해 그렸다.

〈구리 꽃병에 담긴 프리틸러리〉(1887년)

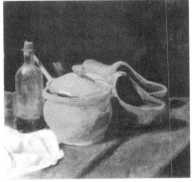
〈토기, 병, 나막신이 있는 정물화〉(1885년)

아를에서의 작업은 그의 작품 세계에 상당한 영향을 미쳤다. 당시 그가 가장 중요하게 생각한 작품은 〈씨 뿌리는 사람

〈The Sower〉〉, 〈밤의 카페(Night Cafe)〉, 〈에텐의 정원에 대한 기억 (Memory of the Garden in Etten)〉, 〈별이 빛나는 밤(Starry Night)〉 등이 었다. 이 그림들은 넓은 붓 터치, 독창적인 원근법과 색채, 윤곽, 디자인으로 그가 추구했던 스타일을 잘 표현하고 있다.

08

주요 연작

빈센트의 예술적 스타일은 유럽 전역 여러 곳에서 살며 변화했 다. 그는 각 장소의 빛이 어떻게 보이는지와 현지 문화에 대해 알 아보기를 좋아했지만, 사물을 보는 자신만의 독특한 방식은 항상 유지했다. 그는 서서히 예술가로 성장하면서 자신의 그림 실력에 한계가 있다는 것을 알고 있었다. 그렇기에 새로운 시각적 자극을 받기 위해 자주 이사를 다녔고, 이를 통해 기술적인 능력을 발전 시켰다. 미술사학자 멜리사 맥퀼란(Melissa McQuillan)은 빈센트의 그림 그리는 방식이 시간이 지남에 따라 변화했고, 어려운 상황과 실망감을 극복하기 위해 이러한 변화를 이용했다고 생각한다.

빈센트가 가장 관심을 가진 분야는 초상화였다. 그는 1890년에 "나의 작업에서 다른 어떤 것보다 열정을 쏟는 것은 초상화, 즉 현대 초상화"라고 썼다. 그는 여동생 빌(Wil)에게 사람을 사진과 똑같이 보이도록 그리는 대신 색을 사용하여 인물의 감정과 성격이 드러나게 함으로써 오래도록 기억에 남는 초상화를 그리고 싶다고 말했다. 그는 가장 가까운 사람은 대체로 그리지 않았다. 어머니의 초상화는 사진을 보고 그렸다. 빈센트는 아를의 우편배달원이었던 조제프 룰랭과 그의 가족을 여러 번 그렸다. 그는 자장가를 의미하는 〈라 베르쇠즈(La

〈화가의 어머니의 초상화〉(1888년 10월) : 어머니의 사진을 보고 그렸다고 한다.

〈시인 외젠 보슈의 초상화〉(1888년) : 고흐가 화가인 보슈를 시인이라 부른 것은 그로부터 풍부한 감성과 예술적 창조성을 간파했기 때문인 것으로 보인다.

〈자장가(오귀스틴 룰랭)〉(1889년)　　〈우편배달부 조제프 룰랭〉(1888년)

Berceuse)〉라는 5점의 그림에서 조제프의 아내인 오귀스틴이 밧줄을 잡고 (그림에서는 보이지 않는) 아기의 숨겨진 요람을 조용히 흔들어주는 모습을 그렸다.

1. 자화상

　빈센트는 1885년에서 1889년까지의 4년간 43점 이상의 자화상을 그렸다. 자화상은 1887년 중반 파리에서 그린 것과 마찬가지로 주로 연작으로, 그것도 죽기 얼마 전까지 그렸다. 자화상은 다른 사람과 함께 있기 싫을 때나 모델이 없어서 대신 자신을 그린 습작용인 경우가 많았다.

빈센트의 자화상에는 고도의
자기 성찰이 반영되어 있다. 예
를 들어 1887년 중반에 그린 파
리 시리즈(Paris series)는 클로드
모네(Claude Monet), 폴 세잔(Paul
Cezanne), 시냑(Signac)을 알게 된
시점에 그린 작품으로, 그의 인
생에서 중요한 시기를 기념하

〈자화상〉(1887년)

기 위한 것이기도 하다. 〈회색 펠트 모자를 쓴 자화상(Self-Portrait

〈회색 펠트 모자를 쓴 자화상〉(1887~1888년)

〈밀짚 모자를 쓴 자화상〉(1887~1888년)

with Grey Felt Hat)〉에서는 두꺼운 물감이 캔버스 전체에 퍼져 있다. 이 작품은 빈센트가 '목적이 있는' 페인팅이라고 불렀던 신인상주의(Neo-impressionism)에서 영감을 받은, 새로운 후광 효과와 정돈된 붓 터치가 돋보이는 그의 가장 유명한 자화상 중 하나이다.

자화상은 다양한 얼굴 특징을 보여준다. 빈센트는 피곤한 눈, 약한 턱, 빠진 치아 등 지저분해 보이거나 면도를 하지 않아 수염이 방치되어 있는 상태를 그대로 그려내 자신의 정신적, 육체적 상태를 분명하게 드러낸다. 입술이 꽉 다물어 있거나, 얼굴이 길거나, 두개골이 두드러지거나, 날카롭고 예리한 이목구비를 가진 모습도 볼 수 있다. 그의 머리카락은 어떤 때는 밝은 붉은색이었다가 어떤 때는 잿빛이 된다.

〈화가로서의 자화상〉(1888년)

빈센트의 자화상에는 다양한 스타일이 존재한다. 1888년 12월 이후에 그린 자화상에서는 밝은 색채가 그의 창백한 피부를 더욱 돋보이게 한다. 어떤 것은 수염을 기른 모습이고, 어떤 것은 수염을 기르지 않은 모습이다. 어떤 작품에서는 귀를 자른 뒤 붕대를 감고 있기도 하다. 생레미에서 그린 자화상은 거울을 사용하여 자신을 그렸기 때문에 귀가 잘린 왼쪽 부분이 오른쪽인 것처럼 보인다. 그가 화가로서의 모습을 보여 준 초상화는 극소수이다.

〈자화상〉(1889년 9월)

2. 꽃 그림

빈센트는 장미, 라일락, 붓꽃, 해바라기 등 꽃이 있는 여러 풍경을 그렸는데, 죽어가는 해바라기꽃은 연작으로 두 번 그렸다. 첫 번째는 1887년 파리에서 그린 것으로 땅에 누워 있는 꽃을 담은 것이었다. 두 번째는 1년 뒤 아를에서 완성된 작품으로 꽃다발이 이른 아

〈정물화 : 해바라기 열두 송이가 담긴 꽃병〉(1888년 8월)

침 햇살 아래 놓인 꽃병에 담겨 있는 모습이었다. 런던 내셔널 갤러리(London National Gallery)에 따르면, 두 작품 모두 '씨앗 머리(씨방)의 질감'을 보여주기 위해 페인트를 두껍게 입혔다는 것이다.

빈센트는 이 연작을 그리면서는 자신의 감정과 느낌을 억지로 그림에 담으려 집착하지 않았다. 대신 그는 방문 예정인 고갱에게 자신의 기술과 기법을 보여주고 싶어 했다. 1888년의 그림은 그가 희망을 느꼈던 드문 시기에 그려진 작품들이다. 빈센트는 1888년 8월 테오에게 이렇게 편지를 썼다.

나는 부야베스(bouillabaisse, 프랑스의 포구 도시인 마르세유에서 유래한 전통적인 생선 스튜)를 먹는 마르세유인의 열정으로 그림을 그리고 있어. 내가 커다란 해바라기를 그린다 해서 네가 놀라진 않을 거야. 이 계획은 12개의 패널을 완성하는 거지. 전체 시리즈는 파란색과 노란색의 교향곡이 될 거야. 꽃이 빨리 시들기 때문에 한번에 그림을 완성해야 하니 매일 아침 해가 뜰 때부터 작업을 시작하지.

빈센트는 아를을 방문할 고갱을 환영하기 위해 벽에 해바라기 꽃을 그렸고, 옐로우 하우스의 게스트룸에 개인 작품들을 걸었다. 이 그림들에 매료된 고갱은 자신이 마르티니크섬에서 그린 그림 한 점을 주고 빈센트가 파리에서 그린 해바라기 그림 2점을 받았다. 고갱이 아를을 떠난 뒤, 빈센트는 두 개의 주요 해바라기 그림을 새롭게 그려 베르쇠즈(자장가) 3부작(Berceuse Triptych)의 양측에 걸 계획을 세웠고, 브뤼셀의 Les XX 전시회에서도 이 그림들을 전시할 생각이었다. (하지만 실제 Les XX 전시회에선 해바라기 그림이 아닌 다른 작품을 걸었다.) 오늘날 이 시리즈의 주요 작품들은 매우 유명하다. 옐로우 하우스와 연관된 노란색의 사용, 표현적인 붓 터치, 어두운 배경과의 대비로 인해 찬사를 받고 있다.

3. 사이프러스와 올리브

아를에 머무는 동안, 빈센트는 보통 죽음의 상징으로 여겨지던 사이프러스 나무를 15점의 작품을 통해 생동감 있게 표현했다. 아를에서 그린 사이프러스 나무 시리즈에서는 나무들이 들판의 방풍림 역할을 하는 듯 멀리 떨어져 있는 것처럼 보이게 했고, 생레미에 있을 때는 나무를 앞으로 배치했다. 빈센트는 1889년 5월 테오에게 이렇게 썼다.

"사이프러스는 여전히 나를 매료시키고 있다. 해바라기를 그렸던 것처럼 사이프러스를 그리고 싶다. 이 나무는 이집트 오벨리스크(obelisk)처럼 아름다운 선과 비율을 가지고 있다."

〈사이프러스가 있는 밀밭〉(1989년 9월)

　1889년 중반, 빈센트는 여동생 빌(Wil)의 요청으로 〈사이프러스가 있는 밀밭(Wheat Field with Cypresses)〉의 작은 버전을 여러 점 그렸다. 이 작품들은 소용돌이와 조밀한 임패스토(impasto, 물감을 두텁게 칠해서 최대한의 질감과 입체적인 효과를 나타내는 기법)가 특징인데, 〈별이 빛나는 밤(The Starry Night)〉에서는 사이프러스 나무가 전경에 두드러지게 나타난다. 이외에도 주목할 만한 사이프러스 그림으로는 〈사이프러스(Cypresses)〉(1889), 〈두 인물이 있는 사이프러스(Cypresses with Two Figures)〉(1889~90), 〈사이프러스와 별이 있는 길(Road with Cypress and Star)〉(1890) 등이 있다.

　1889년 마지막 6~7개월 동안 빈센트는 도전적이고 매혹적인

〈사이프러스와 별이 있는 길〉(1890년 5월)

〈사이프러스와 두 여인〉(1890년 2월)

소재인 올리브나무를 주제로 15점 이상의 그림을 그렸다. 이 작품들 중에는 〈알프스산맥을 배경으로 한 올리브나무(Olive Trees with the Alpilles in the Background)〉(1889)도 있는데 빈센트는 이 작품을 놓고 테오에게 "드디어 올리브가 있는 풍경화를 그렸다"고 썼다. 빈센트는 생레미에 있는 동안 정신병원 밖에서 올리

〈사이프러스〉(1889년)

〈알프스산맥을 배경으로 한 올리브나무〉(1889년)

브 숲의 나무를 그리며 시간을 보냈다. 이 작품에서 뒤틀리고 울퉁불퉁한 나무는 자연 세계를 의인화한 것이다. 평론가 로버트 휴즈(Robert Hughes)는 이 작품들에 "자연이 나타내는 연속적인 에너지의 장(場)"이 가득 차 있다고 말한다.

4. 과수원

〈꽃피는 과수원(The Flowering Orchards)〉 시리즈는 빈센트가 1888년 2월 아를에 도착하여 처음으로 완성한 작품이다. 밝고 유쾌한

14점의 그림은 봄의 기운을 시각적으로 담아내고 있다. 또한 인물이 등장하지 않으며 섬세하고 감성적이다. 그는 빠르게 그림을 그렸는데, 이 시리즈를 통해 인상주의의 한 버전을 적용하면서도 그의 강한 개인 스타일도 나타내기 시작했다. 꽃이 피는 나무라는 덧없는 자연과 지나가는 계절은 삶의 무상함, 그러면서도 아를에서의 새로운 시작에 대한 새 희망을 암시하는 것이었다.

이 시기에 빈센트는 빛의 사용을 완벽하게 조절하여 그림자를 최소화하고 나무를 신성한 방식으로 마치 빛의 원천인 것처럼 그렸다. 이듬해 초, 그는 〈아를의 풍경(View of Arles)〉, 〈꽃피는 과수

〈살구나무 꽃이 만발한 과수원〉(1888년 3월)

〈노송나무로 둘러싸인 꽃이 만발한 과수원〉(1888년 4월)

〈꽃이 만발한 과수원에서 바라본 아를 전경〉(1889년 4월)

원(Flowering Orchards)〉을 포함하여, 과수원을 그린 소형 작품 여러 점을 완성했다. 그는 프랑스 남부의 풍경과 식물에 매료되어 아를 근처의 농장을 자주 방문했다. 지중해 기후의 생생한 햇빛 속에서 그의 팔레트는 눈에 띄게 밝아졌다.

5. 밀밭

빈센트는 아를 주변 풍경을 둘러보기 위해 여러 차례 여행을 떠났다. 그는 아를 주변에서의 추수, 밀밭 및 기타 농촌의 랜드마크 장면을 그렸다. 여기에는 밀밭 옆에 그림 같은 건물이 있는 〈오래된 방앗간(The Old Mill)〉(1888)이 포함된다. 그는 헤이그, 앤트워프, 파리 등 여러 곳에서 창문을 통해 바라본 본 풍경을 그렸는데, 이러한 작품들은 생레미 정신병원 독방에서 본 풍경을 담은 〈밀밭(The Wheat Field)〉 시리즈로 이어졌다.

후기 작품 중 다수는 침울하지만 본질적으로 낙천적이며, 빈센트가 사망할 때까지 명료한 정신 건강을 회복하고자 하는 그의 열망을 반영한다. 그러나 그의 마지막 작품 중 일부엔 깊어지는 우려가 암시되어 있다. 1890년 7월 오베르에서 쓴 편지에서 그는 "언덕을 등진 광대한 평원, 바다처럼 끝이 없고 섬세한 노란색"

〈빗속에 들어갈 수 없는 밀밭〉(1889년 11월)

〈밀단과 떠오르는 달이 있는 풍경〉(1889년 6월)

102

〈하얀 집이 있는 오베르의 밀밭〉(1890년 6월)

에 빠져들었다고 고백했다. 빈센트는 싱그럽고 푸르른 밀밭이 있
는 5월의 들판에 매료되었다. 그의 작품 〈하얀 집이 있는 오베르
의 밀밭(Wheat Field at Auvers with White House)〉은 노란색과 파란색
의 차분한 팔레트로 목가적인 조화를 이루고 있다.

1890년 7월 10일경, 빈센트는 동생 테오에게 "뒤숭숭한 하늘
아래 펼쳐진 광활한 밀밭"에 대해 썼다. 〈까마귀가 나는 밀밭
(Wheatfield with Crows)〉은 그의 마지막 날들에 대한 마음 상태를 임
사하는 것이었다. 훌스커(Hulsker)는 이 작품이 "위협적인 하늘과

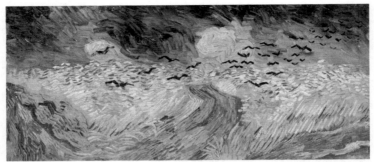

네덜란드 미술사학자 얀 훌스커(Jan Hulsker)는 고흐의 1890년 7월 작품 〈까마귀가 나는 밀밭(Wheatfield with Crows)〉이 "우울함과 극도의 외로움"과 관련이 있다고 설명했다.

불길한 까마귀가 운명을 예시하는 그림"이라고 주장한다. 이 작품의 어두운 팔레트와 굵은 붓 터치는 위협감을 전달하고 있다.

09
평판과 유산

1885년 브뤼셀 미술가 협회 주최의 단체전을 통해 처음으로 세상에 작품이 공개된 뒤, 빈센트의 명성은 예술가, 비평가, 딜러, 수집가들 사이에서 서서히 높아졌다. 1887년 앙드레 앙투안(Andre Antoine, 배우)은 파리의 테아트르 리브르(Theatre Libre) 극장에서 조르주 쇠라(Georges Seurat), 폴 시냑(Paul Signac)의 작품과 함께 빈센트의 작품을 전시했다.

1889년, 평론가 알베르 오리에(Albert Aurier)는 〈르 모데르니스트 일뤼스트레(Le Moderniste Illustre)〉 저널에 기고한 글에서 빈센트의 작품을 '불, 강렬함, 햇살'로 가득 차 있다고 묘사했다. 1890년 1월 그의 그림 10점이 브뤼셀의 독립 미술가 협회(Societe des Artistes Independants)에 전시되었다. 빈센트의 이름이 점차 알려지기 시작한 1880년대에 프랑스 대통령을 지낸 마리 프랑수아 사디 카르노(Marie Francois Sadi Carnot)도 빈센트의 작품에 깊은 인상을 받았다고 한다.

빈센트가 사망한 뒤 브뤼셀, 파리, 헤이그, 앤트워프에서 추모 전시회가 열렸다. 그의 작품은 Les XX에 전시된 바 있는 6점을 포함하여 여러 중요한 전시회에 소개되었다. 1891년에는 브뤼셀에서 회고전이 열렸다. 1892년, 평론가이자 극작가인 옥타브 미르보(Octave Mirbeau)는 이렇게 썼다.

"그의 자살은, 비록 그 숭고한 장례식에 많은 추모객이 모이진 않았지만, 미술계엔 무한대로 슬픈 손실이다. 살아 있을 때 주목받지 못하고 방치되었던 빈센트 반 고흐의 죽음은 천재의 아름다운 불꽃 같은 열정이 소멸됨을 의미한다"고 안타까워했다.

요한나 반 고흐-봉허(1889년 4월) : 아주 버니인 빈센트를 알리는 데 큰 역할을 한 것으로 알려져 있다.

빈센트가 사망한 6개월 뒤인 1891년 1월에 테오가 죽음으로써 빈센트는 가장 든든한 후원자를 영원히 잃게 되었다. 테오의 미망인 요한나 반 고흐 봉허는 남편이나 빈센트를 그리 오래 알지 못했던 젊은 네덜란드 여성이었다.

그녀는 갑자기 어린 아들 빈센트 빌렘 반 고흐를 돌보는 일과 함께 아주버니가 남긴 수백 점의 그림, 편지, 드로잉을 관리해야 하는 부담을 갖게 되었다. 고갱은 빈센트를 알리는 데 도움을 줄 생각이 없었고, 요한나의 오빠 안드리스 봉허(미술상) 역시 그의 작품에 미온적인 태도를 보였다. 비평가들 사이에서 빈센트의 초기 지지자 중 한 명인 알베르 오리에(Albert Aurier)는 1892년 27세의 나이에 장티푸스로 사망했다.

1892년 화가 에밀 베르나르(Emile Bernard)가 파리에서 작은 규모로 빈센트 작품 전시회를 열었다. 미술상 쥘리앙 탕귀(Julien Tanguy)는 요한나 반 고흐 봉허가 제공한 작품을 포함하여 자신이 소장한 빈센트의 그림을 전시했다.

1894년 4월, 파리의 뒤랑 뤼엘 갤러리(Durand-Ruel Gallery)는 빈센트의 작품 10점을 소장하기로 했다.

1896년에 당시 무명의 미술학도였던 야수파 화가 앙리 마티스(Henri Matisse)는 브르타뉴 앞바다의 섬에 거주하던 호주 화가 존 러셀(John Russell)을 방문했다. 반 고흐의 절친한 친구였던 러셀은 마티스에게 빈센트의 작품을 소개했다. 그 뒤 마티스는 빈센트의 영향을 받아 팔레트를 흙빛에서 밝은색으로 전환했다.

1901년 파리의 베르하님-죈 갤러리(Bernheim-Jeune Gallery)에서 열린 대규모 빈센트 반 고흐 회고전은 앙드레 드랭(Andre Derain)과 모리스 드 블라맹크(Maurice de Vlaminck)를 매료시켰고, 야수파 운동의 시작을 도왔다. 중요한 그룹 전시회로는 1912년 쾰른에서 열린 존더분트(Sonderbund) 예술가전, 1913년 뉴욕에서 열린 아모리 쇼(Armory Show), 1914년 베를린 전시회가 있다.

네덜란드 비평가이자 화가인 헨크 브레머(Henk Bremmer)는 빈센트의 작품을 가르치고 홍보하는 데 핵심적인 역할을 했다. 그를 통해 빈센트의 천재성을 간파한 독일 여성 미술 수집상인 헬레네 크뢸러 뮐러(Helene Kroller-Muller)는 빈센트 작품을 헌신적으로 수집했다.

이 부부는 나중에 크뢸러 뮐러 미술관(Kroller-Muller Museum)을 설립하여 반 고흐의 작품을 세계에서 두 번째로 많이 소장하게 된다.

헬레네 크뢸러 뮐러와 그녀의 남편 앤톤(1887년 경).

에밀 놀데(Emil Nolde)와 같은 독일의 초기 표현주의 화가들은 빈센트 반 고흐의 작품이 자신들에게 영향을 주었음을 인정했다. 헨크 브레머는 1928년에 출간된 비평가 야콥 바르트 드 라 파울레(Jacob Baart de la Faille)의 카탈로그 〈빈센트 반 고흐의 생애(L'Oeuvre de Vincent van Gogh)〉를 제작하는 데 도움을 주었다. 빈센트의 명성은 1914년 세 권으로 출간된 그의 서간집에 힘입어 제1차 세계대전 이전에 오스트리아와 독일에서 정점을 찍었다.

빈센트의 편지는 표현력이 풍부하고 잘 쓰여져 서간문으로는 19세기 최고의 작품 중 하나로 손꼽힌다. 예술을 위해 고생하다 젊은 나이에 세상을 떠난 열정적인 화가 빈센트 반 고흐의 신화가 그렇게 늦게나마 시작된 것이었다.

1934년 미국 소설가 어빙 스톤(Irving Stone)은 빈센트가 테오에게 보낸 편지를 바탕으로 전기소설인《삶에 대한 욕망(Lust for Life)》을 썼다. 이 책, 그리고 이 책을 바탕으로 1956년 제작된 동명(同名)의 영화(한국에서는 〈열정의 랩소디〉라는 제목이 붙음)가 특히 미국에서 그의 명성을 높이는 데 기여했다. 스톤은 자신의 책이 베스트셀러가 되기 전에는 미국에서 반 고흐에 대해 아는 사람이 수백 명에 불과했었다고 주장했다.

1957년 영국 형상주의 화가 프란시스 베이컨(Francis Bacon)은 제2차 세계대전 중 파괴된 빈센트의 〈타하스꽁으로 가는 길의 화가(The Painter on the Road to Tarascon)〉의 복제본을 보고 영감을 받아 작품을 제작했다. 그는 빈센트를 외로운 아웃사이더로 보았다. 베이컨은 빈센트의 예술에 대한 생각에 동의하고, 빈센트가 테오에게 쓴 "진짜 화가는 있는 그대로 그리지 않는다.… 자신이 느끼는 대로 그리는 것이다"라는 글을 인용했다.

빈센트 반 고흐의 그림은 세계에서 가장 비싸게 팔리는 작품에 속한다. 1억 달러(한화 1,343억 원) 이상에 팔린 작품으로는 〈가세 박사의 초상(Portrait of Dr. Gachet)〉, 〈조제프 룰랭의 초상(Portrait of Joseph Roulin)〉, 〈창포(Irises)〉 등이 있다.

〈타하스꽁으로 가는 길의 화가〉(1888년 8월) : 제2차 세계대전 때 파괴되었다.

메트로폴리탄 미술관은 1993년 월터 아넨버그(Walter Annenberg)의 기금으로 〈사이프러스가 있는 밀밭(Wheat Field with Cypresses)〉을 5,700 만 달러(한화 765억 원)에 구입했다. 2015년에는 뉴욕 소더비 경매에서 〈알레 데 알리스콤(L'Allee des Alyscamps)〉(레알리스콤Les Alyscamps 시리즈의 하나)이 6,630만 달러(한화 890억 원)에 낙찰되었다.

10

반 고흐 미술관

　1925년 빈센트의 제수, 즉 동생 테오의 아내인 요한나가 사망하자 그녀의 아들이자 빈센트의 조카인 빈센트 빌렘 반 고흐(Vincent Willem van Gogh)(1890~1978)가 유산을 상속 받았다. 1950년대 초, 그는 모든 편지를 네 권의 책과 다양한 언어로 출판하는 작업을 기획했다. 그 뒤로 그는 전체 컬렉션을 구입하고 보관할 재단을 마련하기 위해 네덜란드 정부와 협의를 시작했다. 테오의 아들 빈센트는 예술 작품이 최고의 방식으로 전시되기를 바라며 프로

반 고흐 미술관, 암스테르담.

젝트 기획을 도왔다. 이 프로젝트는 1963년 건축가 게릿 리트벨트(Gerrit Rietveld)가 설계를 맡아 시작되었지만, 1964년 리트벨트가 사망하자 쿠로카와 키쇼(Kisho Kurokawa)가 이어받았다.

반 고흐 미술관(The Van Gogh Museum)은 1973년 6월 2일 암스테르담 뮈세윔플레인(Museumplein) 광장에 문을 열어, 매년 150만 명 이상(85%는 해외 관광객)이 방문하는, 네덜란드에서 국립미술관에 이어 두 번째로 인기 있는 박물관이 되었다.

11
나치 정권 시대의 약탈

빈센트 반 고흐 작품의 상당수가 나치 정권 시대(1933~1945년)에 약탈당했다. 작품을 소장했던 유대인들이 도주하거나 살해당하자 그의 작품은 도난당했고, 그중 일부는 개인 소장품으로 보관하게 되었거나 행방을 모른다. 일부 반 고흐 작품은 박물관이나 경매에 다시 등장하거나 세간의 이목을 집중시키는 소송을 통해 원래 소유주에게 반환되었다. 독일 분실 예술품 재단(The German Lost Art Foundation)에는 여전히 많은 반 고흐 작품을 행방

불명 상태로 등재하고 있으며, 미국 박물관 연합(American Alliance of Museums)은 '나치 시대 미술작품 출처 증명 인터넷 포털(Nazi Era Provenance Internet Portal)'에 73개의 반 고흐 작품을 등재하여 찾고 있는 중이다.

(영문 Wikipedia 2024년 5월 1일)

Gogh

제2부

반 고흐의
아포리즘

전화도 인터넷도 없던 1800년대 후반기를 살았던 빈센트 반 고흐는 약 900여 통의 서신을 보냈는데, 그중에 650~800여 편이 동생인 테오에게 보낸 것이었다. 반면에 그가 받은 편지는 80~250여 통이라고 한다. 물론 그 편지도 대부분은 동생이 보낸 것이었고, 그와 간혹이나마 편지를 주고받은 그 밖의 인물은 몇 명에 지나지 않았다. 그의 편지 중 현재까지 남아 있는 것은 약 650여 통 정도라고 한다.

사교활동을 싫어하고, 남들과 생각이 크게 다르며, 게다가 가난했던 그가 남들과 소통할 수 있었던 수단은 편지뿐이었다. 편지를 받은 것에 비해 보낸 건수가 훨씬 많은 것만으로도 그가 남들로부터 그리 호감을 받지 못했고 고립되어 있었다는 것을 알 수 있다. 그는 아주 많이 외로웠을 것이었다.

그는 혼자 푸른 들판, 밤하늘의 별, 그리고 자신 앞을 스쳐 지나가는 행인들을 응시하면서 아마도 많은 생각을 했을 것이다. 인생, 작품 활동, 예술관, 창의성, 그리고 자신의 앞날에 대해서……

그 견딜 수 없을 것 같은 고독한 사색을 통해 그는 많은 명언을 발굴해냈다. 그 과정은 광부가 목숨을 걸고 수천 미터 땅속에서 광물을 캐내는 극한 고통의 노동에 비견될 수 있을 것이다.

독자 여러분이 이 책에서 발견하는 가슴 때리는 한 마디가 어쩌면 4,000 캐럿 크기의 다이아몬드보다 더 가치가 있을지 모른다.

일러두기 똑같거나 거의 유사한 말이 반복되는 것은 그 문장과 관련된 명언을 추가로 소개하기 위해서이고, 긴 단락이나 문단 속의 일부 짧은 문장이 별도로 반복되는 것은 그 부분을 강조하거나 새롭게 이해하기 위해서이다.

인생

운명이 내 진로를
결정했다!

왜 더 열정적이고 강렬하게 살면 안 된단 말인가?

현실 세계보다 더 현실적인 것은 무엇일까? 일상보다 더 진정으로 살아 있음을 느낄 수 있는 곳은 어디일까? 우리는 삶을 최대한으로 경험하고 싶은데, 왜 더 열정적이고 강렬하게 살면 안 된단 말인가?

✳

상상력은 현실보다 더 강력하다.

— 알버트 아인슈타인(Alfred Einstein, 물리학자)

✳

열정은 당신을 고통에서 변화로 인도하는 다리이다.

— 프리다 칼로(Frida Kahlo, 초현실주의 화가)

✳

열정은 삶의 원동력이다.

— 아밋 레이(Amit Ray, 작가)

✳

열정은 성취의 엔진이다.

— 레오폴드 스토코스키(Leopold Stokowski, 오케스트라 지휘자)

✳

꿈은 현실보다 더 진실일 수 있다.

— 엘비스 프레슬리(Elvis Presley, 가수)

인생은 함정투성이다.

인생에는 모래 수렁과 덫이 도사린다.

*

역경은 강한 바람과 같다. 그것은 우리로부터
절대로 떼어낼 수 없는 것을 제외하고는 모든 것을 떼어내 버려서
우리 자신을 있는 그대로 볼 수 있게 해준다.

— 아서 골든(Arthur Golden, 소설가)

*

유혹은 마음의 쓰레기를 끌어올리는 불이다.

— 로살리아 데 카스트로(Rosalia de Castro, 시인)

*

역경은 우리가 정말 꿈을 위해 살 수 있는지 시험한다.

— 라일라 기프티 아키타(Lailah Gifty Akita, 시인)

악마가 저지른 가장 위대한 속임수는

세상에 자신이 존재하지 않는다고 확신시키는 것이었다.

— 샤를 보들레르(Charles Baudelaire, 시인)

＊

모든 도전은 삶의 리듬에 맞춰 춤을 추고

그 리듬과 조화를 이루며 성장하도록 초대하는 것이다.

— 미상

〈버드나무가 있는 들판을 통과하는 길〉(1888년 4월)

나는 자유롭다.

특별한 이유는 없다. "나는 자유롭다." 그게 가장 중요하다.

*

자유롭지 않은 세상에 대처하는 유일한 방법은

당신의 존재 자체가 반항 행위가 될 정도로

절대적으로 자유로워지는 것이다.

— 알베르 카뮈(Albert Camus, 철학자)

*

자유는 영혼의 산소이다.

— 모셰 다얀(Moshe Dayan, 이스라엘 국방장관)

*

자유롭다는 것은 두려움이 없다는 것이다.

— 니나 시몬(Nina Simone, 싱어송라이터)

*

자유는 스스로에게 책임을 지려는 의지이다.

— 프리드리히 니체(Friedrich Nietzsche, 철학자)

*

자유는 자기가 짊어질 짐을 선택하는 것을 의미한다.

— 헵시바 메뉴인(Hephzibah Menuhin, 피아니스트)

내가 여행자라는 느낌이 든다.

나는 항상 내가 어디론가, 어떤 목적지로 가는 여행자 같다는 느낌이 든다.
하지만 그 어디론가와 그 목적지가 존재하지 않는다고 스스로에게 말해본
다면, 그것은 나에게 충분히 가능하고 합리적인 말로 여겨진다.

✳

여행은 곧 삶이다.

— 한스 크리스티안 안데르센(Hans Christian Andersen, 동화작가)

✳

충분히 멀리 여행하면 자신을 만나게 된다.

— 데이비드 미첼(David Mitchell, 코미디언)

✳

인간의 삶에서 가장 기쁜 순간은 미지의 세계로 떠날 때라고 생각한다.

— 리처드 버튼 경(Sir Richard Burton, 탐험가)

여행은 사람을 겸손하게 만든다.

자신이 세상에서 얼마나 작은 자리를 차지하고 있는지 깨닫게 된다.

– 구스타브 플로베르(Gustave Flaubert, 작가)

*

여행은 당신을 말문이 막히게 하지만,

이후에는 이야기꾼으로 변하게 한다.

– 이븐 바투타(Ibn Battuta, 탐험가)

운명이 내 진로를 결정했다.

내가 모험가가 된 것은 선택에 의해서가 아니라 운명에 의해서이다.

*

바람은 바꿀 수 없지만 돛은 조정할 수 있다.

– 지미 딘(Jimmy Dean, 가수)

*

행운은 준비가 기회를 만날 때 생기는 것이다.

– 세네카(Seneca, 고대 로마 철학자)

운명은 기꺼이 따르는 자는 인도하지만,

마지못해 따르는 자는 강제로 끌고 간다.

— 세네카(Seneca, 고대 로마 철학자)

*

운명은 신의 손길이다.

— 속담

*

운명은 강요되는 것이 아니라

스스로의 선택을 통해 만들어지는 것이다.

— 미상

세상의 나쁜 일에 대해 하나님을 탓하지 말자.

세상의 나쁜 일들에 대해 하나님을 탓해서는 안 된다는 생각이 점점 더 들고 있다. 세상의 나쁜 일이란 마치 그분이 그린 그림이 잘 나오지 않은 것과 같다고 볼 수 있다.

*

우리는 고통 속에서 하나님의 계획을 이해하지 못할 수도 있지만,

그분은 항상 우리의 유익을 위해 일하고 계신다.

– C.S. 루이스(C.S. Lewis, 소설가)

*

주님의 지혜는 우리의 이해를 뛰어넘는 것이니 받아들여라.

– 토마스 아퀴나스(Thomas Aquinas, 가톨릭 신학자)

*

하나님은 우리의 고통과 아픔을 사용하여

우리를 성장시키고 변화시키신다.

– 릭 워렌(Rick Warren, 복음주의 교회 목사)

〈숲속의 흰옷 입은 소녀〉(1882년 8월)

하나님은 우리가 직면하는 모든 어려움 속에서
우리와 함께하시며 결코 우리를 버리지 않으신다.

— 맥스 루카도(Max Lucado, 크리스천 작가)

*

불분명하더라도 주님의 의도는 의롭다는 믿음을 가져야 한다.

— 존 크리소스톰(John Chrysostom, 초기 기독교 신학자)

나는 보잘것없다.

나는 정말 보잘것없는 인간이다.

*

당신은 지구상에서 당신만의 능력을 사용할 수 있는 유일한 사람이다.

— 지그 지글러(Zig Ziglar, 동기부여 저술가)

*

당신은 수년 동안 자신을 비판해 왔지만 효과가 없었다.
자신을 인정하고 어떤 일이 일어나는지 지켜보라.

— 루이스 L. 헤이(Louise L. Hay, 동기부여 저술가)

당신은 스스로 믿는 것보다 용감하고, 보기보다 강하고,
생각보다 똑똑하다.

— A.A. 밀른(A.A. Milne, 아동문학가)

*

당신은 현재 이 세상이 던져줄 어떤 상황이라도
대처할 수 있는 모든 자원을 자신 안에 가지고 있다.

— 브라이언 트레이시(Brian Tracy, 동기부여 저술가)

*

당신의 얼굴을 항상 햇빛 쪽으로 향하면
그림자는 뒤로 물러날 수밖에 없다.

— 월트 휘트먼(Walt Whitman, 시인)

난 차가운 현대 기독교를 좋아하지 않는다.

현대 기독교의 창시자가 숭고했지만 난 현대 기독교를 좋아하지 않는다. 난
현대 기독교에 대해 잘 알고 있다. 어렸을 땐 그 차가움에 매료되었지만 그
이후로 나는 그것에 복수하는 입장을 취해왔다. 어떻게? 신학자들이 죄라

고 부르는 사랑을 축하하고, 창녀를 존경하는 등의 방법으로 말이다. 어떤 사람들은 여성을 악하고 이단적으로 보지만 나는 그들을 매우 다르게 본다.

*

우리를 분열시키는 것은 우리의 차이점이 아니다.
우리를 분열시키는 것은 우리가 그 차이점을 인식하지 못하고
받아들이지 못하고 축하하지 못하는 우리의 무능력이다.

– 오드리 로드(Audre Lorde, 시인)

*

진실은 당신을 자유롭게 하겠지만, 그 전에 당신을 비참하게 만들 것이다.

– 제임스 A. 가필드(James A. Garfield, 미국 제20대 대통령)

*

기만의 시대에 진실을 말하는 것은 혁명적인 행위이다.

– 조지 오웰(George Orwell, 소설가)

*

맹목적인 믿음은 질병이다.

– 에우리피데스(Euripides, 고대 그리스 시인)

*

당신이 불합리한 것을 믿게 만들 수 있는 사람은
당신이 끔찍한 짓을 저지르게 만들 수도 있다.

– 볼테르(Voltaire, 계몽주의 작가)

말하지 않아도 이해해줄 것이라 믿었다.

말하지 않아도 이해받을 것이라 생각했다.

*

커뮤니케이션에서 가장 중요한 것은 말하지 않은 것을 듣는 것이다.

— 피터 드러커(Peter Drucker, 경영학자)

*

침묵은 지혜를 키우는 수면이다.

— 프란시스 베이컨(Francis Bacon, 철학자)

*

침묵은 대화의 위대한 기술 중 하나이다.

— 키케로(Cicero, 고대 로마 정치인)

*

영혼과 접촉하려면 침묵이 필요하다.

— 마더 테레사(Mother Teresa, 가톨릭 수녀)

*

침묵은 신의 언어이며, 그 외의 모든 것은 잘못된 해석이다.

— 루미(Rumi, 페르시아 시인)

죽음보다는 삶을 선택하라.

자살을 실행하기 보다는 즐겁게 사는 것이 낫다.

*

삶과 또 다른 것 중의 하나를 선택할 수밖에 없는
절박한 상황에서도 삶을 선택하라.

— J. 마이클 스트라친스키(J. Michael Straczynski, 각본가)

*

가장 용기 있는 행동은
자신의 진정한 모습에 충실하게 사는 것이다.

— 오프라 윈프리(Oprah Winfrey, 방송인)

*

세상은 아름다움으로 가득하니 그것을 보기만 하라.

— 장 지로두(Jean Giraudoux, 극작가)

*

시작하는 방법은 말을 그만두고 행동을 시작하는 것이다.

— 월트 디즈니(Walt Disney, Disney Land 설립자)

*

진정성은 최고의 자아가 되기 위한 열쇠이다.

— 오프라 윈프리(Oprah Winfrey, 방송인)

불안, 공허, 피곤을 피할 수 없다.

나는 나에게 무슨 문제가 있는지 정확히 설명할 수 없으며, 때때로 이유 없이 끔찍한 불안감을 느끼거나 머리가 멍해지는 공허함과 피곤함을 느낀다.

*

불안은 창의성의 시녀이다.

— T.S. 엘리엇(T.S. Eliot, 시인)

*

행동보다 더 빠르게 불안감을 줄여주는 것은 없다.

— 월터 앤더슨(Walter Anderson, 화가)

*

아무리 불안해도 앞으로 일어날 일에는
아무런 영향을 주지 못한다.

— 앨런 와츠(Alan Watts, 영성 전문가)

불안은 사랑의 가장 큰 적이다.

물에 빠진 사람이 당신을 붙잡고 있을 때

당신이 느끼는 그 느낌을 다른 사람도 느끼게 한다.

― 아나이스 닌(Anaïs Nin, 수필가)

✳

인간은 실제 문제 그 자체보다는

실제 문제에 대한 상상 속의 불안감 때문에 더 많이 걱정한다.

― 에픽테토스(Epictetus, 고대 그리스 철학자)

현실이 과거에 대한 회상을 억누른다.

작금의 현실이 우리를 너무 강하게 붙잡고 있어서, 옛 시절을 머릿속에서
재구성하려고 할 때마다 삶의 사소한 사건들이 우리의 묵상을 방해하고,
우리를 개인적인 문제로 다시 밀어 넣는다.

✳

성찰하지 않는 삶은 살 가치가 없다.

― 소크라테스(Socrates, 고대 그리스 철학자)

과거를 더 멀리 볼 수 있수록 미래도 더 멀리 볼 수 있다.

– 윈스턴 처칠(Winston Churchill, 영국 수상)

*

세계 역사는 위인들의 전기에 불과하다.

– 토마스 칼라일(Thomas Carlyle, 역사학자)

*

과거를 기억하지 못하는 사람은 과거를 반복할 수밖에 없다.

– 조지 산타야나(George Santayana, 철학자)

*

과거에 대해 더 많이 배울수록 미래를 더 잘 준비할 수 있다.

– 마가렛 미드(Margaret Mead, 인류학자)

〈룩셈부르크 공원의 인도〉(1886년)

"

내 눈에 들보가 들어 있다.

"

우리 눈에는 종종 우리가 알지 못하는 들보가 들어 있다. 그러므로 우리의
눈이 온전해지기를 구하자. 그러면 우리 자신도 온전한 존재가 될 것이다.

✳

내가 하나님을 보는 눈은 하나님이 나를 보는 눈과 동일하다.

― 마이스터 에크하르트(Meister Eckhart, 로마 가톨릭 신비 사상가)

✳

디테일을 보는 좋은 안목은
큰 그림을 보는 좋은 안목 없이는 아무 의미가 없다.

― 세스 고딘(Seth Godin, 기업인/작가)

✳

비전은 다른 사람들에게는 보이지 않는 것을 보는 기술이다.

― 조나단 스위프트(Jonathan Swift, 풍자작가)

✳

다행히도 영혼에는 눈이라는, 종종 무의식적이지만
여전히 충실한 해석자가 존재한다.

― 샬롯 브론테(Charlotte Brontë, 소설가)

세상은 오직 당신의 눈에만 존재한다.

세상을 원하는 만큼 크게 또는 작게 만들 수 있다.

– F. 스콧 피츠제럴드(F. Scott Fitzgerald, 소설가)

결국 희망을 품을 수 있을 거야.

현재로서는 상황이 매우 좋지 않고, 상당한 기간 동안 그래왔고, 앞으로도 계속해서 그럴 것 같다. 하지만 모든 것이 잘못되었다고 생각한 뒤에 모든 것이 좋아질 가능성도 있다. 그런 일이 일어날 거라고 기대하지 않았고 절대 일어나지 않을 수도 있지만, 만약 상황이 좋아진다면 그것을 행운으로 여기면서 "드디어! 결국 희망이 있었어"라고 외치게 될 것이다.

*

희망은 반드시 감수해야 하는 위험이다.

– 조르주 베르나노스(Georges Bernanos, 소설가)

*

희망은 등불을 켜고 인내하는 것이다.

– 테르툴리아누스(Tertullian, 카르타고의 신학자)

희망은 결코 당신을 버리지 않는다. 당신이 희망을 버리는 것이다.

– 조지 와인버그(George Weinberg, 심리학자)

✳

희망만큼 좋은 약은 없고

내일 무언가를 기대하는 것만큼 강력한 자극제도 없다.

– 오리슨 스웨트 마든(Orison Swett Marden, 기업가/동기부여 저술가)

✳

희망은 절망적인 상황에서도 밝게 지낼 수 있는 힘이다.

– G.K. 체스터턴(G.K. Chesterton, 작가)

폭풍 속에도 평화가 있다.

빛과 자유만을 추구하고 세속의 수렁에 너무 깊이 빠져들지 말라. 폭풍 속
에도 평화는 있는 법이다.

✳

폭풍은 나무로 하여금 더 깊이 뿌리를 내리게 한다.

– 돌리 파튼(Dolly Parton, 싱어송라이터)

움직임과 혼돈 속에서도 내면의 고요함을 유지하라.

— 디팍 초프라(Deepak Chopra, 의사/뉴에이지 사상가)

*

평화는 문제에서 벗어나려고 애쓰는 것이 아니라

용기 있게 직면함으로써 찾을 수 있는 것이다.

— J. 도널드 월터스(J. Donald Walters, 힌두교 영성 지도자)

*

영혼에서 우러나오는 일을 하면

내면에서 기쁨의 강물이 흐르는 것이 느껴진다.

— 루미(Rumi, 페르시아 시인)

*

자기 자신과 조화롭게 사는 사람은 우주와도 조화롭게 산다.

— 마르쿠스 아우렐리우스(Marcus Aurelius, 로마 제국의 제16대 황제/스토아학파 철학자)

*

나쁜 사람들과 함께 있는 것보다 혼자 있는 것이 낫다.

— 조지 워싱턴(George Washington, 미국 초대 대통령)

*

평화는 폭풍이 덜 거세다고 해서 오는 것이 아니라

더 강력한 배를 가져야 오는 것이다.

— 트래비스 메도우스(Travis Meadows, 가수)

나이를 들어가는 것이 슬프다.

점차 경험이 쌓일수록 젊음을 잃는다는 것은 안타까운 일이다.

*

인생의 비극은 삶이 너무 빨리 끝난다는 것에 있는 것이 아니라

너무 오래 기다렸다가 시작한다는 데 있다.

— 윌리엄 매더 루이스(William Mather Lewis, 미국 정치인)

*

젊을 때는 배우고 나이가 들면 이해한다.

— 마리 폰 에브너−에셴바흐(Marie von Ebner−Eschenbach, 소설가)

*

나이가 들어가는 것을 안타까워하지 말라.

그것은 많은 사람들이 싫어하는 특권이다.

— 미상

*

늙는 것은 필연이지만 성장하는 것은 선택이다.

— 월트 디즈니(Walt Disney, Disney Land 설립자)

*

나이는 육체보다 마음의 문제이다.

당신이 신경 쓰지 않는다면 나이는 중요하지 않다.

― 마크 트웨인(Mark Twain, 소설가)

직업은 영적 소명이다.

직업은 당신에게 단순히 매주 돈을 안겨주기 위해 존재하는 것이 아니다.

마치 영적 소명처럼 깊은 열정과 헌신을 가지고 자신이 진정으로 하고 싶은

일을 하도록 하기 위한 것이다.

＊

꿈은 변화의 씨앗이다. 씨앗 없이는 아무것도 자라지 않으며

꿈 없이는 아무것도 변하지 않는다.

― 데비 분(Debby Boone, 가수)

＊

도(道)에 뜻을 둔 선비가 나쁜 옷과 나쁜 음식을

부끄러워한다면, 함께 도를 논할 수 없다.

― 공자(孔子, 사상가)

당신의 일은

인생의 많은 부분을 차지하게 될 것이기 때문에

진정으로 만족할 수 있는 유일한 방법은

훌륭한 일이라고 믿는 일을 하는 것이다.

그리고 위대한 일을 하는 유일한 방법은

자신이 하는 일을 사랑하는 것이다.

— 스티브 잡스(Steve Jobs, Apple 창립자)

*

당신의 업(業)은 당신에게 적합한 일을 찾아낸 다음

온 마음을 다해 그 일에 헌신하는 것이다.

— 고타마 싯다르타(불교의 창시자)

*

당신 자신에게

세상이 무엇을 필요로 하는지를 물어보지 말라.

당신을 생생하게 살아 움직이게 하는 것이

무엇인지를 물어보고, 그 일을 하면 되는 것이다.

세상은 그저 생동감 넘치는 사람만을 필요로 할 뿐이다.

— 하워드 서먼(Howard Thurman, 신학자)

*

겨울에 여름을 기다리는 것처럼.

많은 사람들은 세상이 더 나아질 수 있다고 믿는 것이 어리석고 심지어 미신적이라고 생각하는 것 같다. 겨울, 너무도 살을 에는 추위에 "여름이 온다고 해서 무슨 의미가 있단 말인가. 지금 이 추위에 여름의 따뜻함은 아무 도움이 안 돼"라고 말하고 싶어질 때가 있다. 그렇다. 악이 선을 능가하는 경우가 종종 있다. 하지만 우리도 모르는 사이 그리고 우리의 허락도 없이 마침내 매서운 추위가 끝난다. 어느 날 아침 바람이 바뀌고 해빙이 시작된다. 그래서 나는 여전히 희망을 가져야 하는 것이다.

*

진정한 행복을 찾는 유일한 방법은
치명적으로 상처받을 위험을 감수하는 것이다.

– 척 팔라니크(Chuck Palahniuk, 소설가)

*

희망은 꿈과 상상력, 그리고 꿈을
현실로 만들려는 사람들의 용기에 있다.

– 조나스 솔크(Jonas Salk, 바이러스 과학자)

*

가장 어두운 밤도 끝나고 태양이 떠오를 것이다.

– 빅토르 위고(Victor Hugo, 소설가)

*

정원을 가꾸는 것은 내일을 믿는 것이다.

– 오드리 헵번(Audrey Hepburn, 영화배우)

*

희망은 영혼의 심장 박동이다.

– 미셸 호스트(Michelle Horst, 작가)

〈사람들이 있는 오베르의 마을 거리와 계단〉(1890년 5월)

> ## 나는 남들에게 불행을 초래하고 있다.

너의 편지에서 나를 사로잡은 문장이 있었다. "난 모든 것에서 멀어지고 싶다. 난 모든 문제의 원인으로, 모든 사람에게 슬픔만 안겨다 주고 있다. 나 자신과 다른 사람들에게 나는 혼자 불행을 초래하고 있다." 바로 이 말이 나에게 큰 충격을 주었다. 너의 말과 똑같은 감정, 조금도 다르지 않은 감정이 내 양심에도 있기 때문이다.

*

슬픔이 당신이라는 존재에 깊이 새겨질수록
더 많은 기쁨을 담을 수 있다.

– 칼릴 지브란(Khalil Gibran, 시인)

*

우리는 상처보다 두려움을 더 자주 느끼며,
현실보다 상상으로 인해 더 많이 고통 받는다.

– 세네카(Seneca, 고대 로마 철학자)

*

우리를 죽이지 못하는 것이 우리를 더 강하게 만든다.

– 프리드리히 니체(Friedrich Nietzsche, 철학자)

모든 사람에게는 세상이 알지 못하는 은밀한 슬픔이 있다.

우리는 어떤 사람이 슬플 때만 그 사람을 차갑다고 말한다.

– 헨리 워즈워스 롱펠로우(Henry Wadsworth Longfellow, 시인)

✳

가장 어두운 시간은 60분에 불과하다.

– 모리스 만델(Morris Mandel, 교육자)

❝

너무 세속적인 것을 추구하지 말자.

❞

오직 빛과 자유를 추구하고 세속적인 수렁에 너무 깊이 빠지지 말자.

✳

자신을 찾으려면 스스로 생각하라.

– 소크라테스(Socrates, 고대 그리스 철학자)

✳

인생이 살 가치가 있다고 믿으면

그 믿음이 그 사실을 만드는 데 도움이 될 것이다.

– 윌리엄 제임스(William James, 철학자)

삶의 의미는 삶에 의미를 부여하는 것이다.

— 빅토르 프랭클(Viktor Frankl, 신경학자)

*

마음가짐이 모든 것이다.

당신이 생각하는 대로 당신이 된다.

— 고타마 싯다르타(불교의 창시자)

*

인생은 자신을 찾는 것이 아니다. 인생은 자신을 창조하는 것이다.

— 조지 버나드 쇼(George Bernard Shaw, 극작가)

내가 무엇에 도움이 될 수 있을까?

내 마음을 사로잡는 것은 바로 이 한 가지 질문이다. "나는 무엇에 도움이 될 수 있을까, 어떤 식으로든 도움이 될 수는 없는 것일까?"

*

다른 사람의 문제를 도와준다면 이 세상에 쓸모없는 사람은 없다.

— 찰스 디킨스(Charles Dickens, 소설가)

나를 위해 하는 일은

내가 죽음으로서 함께 사라지지만

다른 사람들과 세상을 위해 하는 일은 영원하다.

— 알버트 파이크(Albert Pike, 남북 전쟁시 남부 연합군 사령관/법률가/시인)

*

인생의 목적은 단순히 행복해지는 것만이 아니다.

남에게 도움이 되고, 존경받고, 친절하며,

좋은 삶을 살면서 긍정적인 영향을 미치는 것이다.

— 랄프 왈도 에머슨(Ralph Waldo Emerson, 사상가)

*

다른 사람을 위해 할 수 있는 가장 큰 선(善)은

자신의 재물을 나누는 것이 아니라

각자가 가진 재능을 알 수 있도록 가르치는 것이다.

— 벤저민 디즈레일리(Benjamin Disraeli, 영국 총리)

*

성공은 인생에서 무엇을 얻거나 자신을 위해

무엇을 성취하느냐와는 아무런 관련이 없다.

성공은 다른 사람을 위해 무엇을 하느냐에 달려 있는 것이다.

— 대니 토마스(Danny Thomas, 영화배우)

*

선과 악을 구분하자.

용기를 잃지 말고 인내심을 갖고 온화해지도록 노력하자. 그리고 괴짜가 되는 것을 꺼리지 말고 선과 악을 구분하자.

*

인내심은 기다리는 능력이 아니라
기다리는 동안 좋은 태도를 유지하는 능력이다.

— 조이스 마이어(Joyce Meyer, 기독교 목사/작가)

*

악의 승리를 위해 필요한 유일한 것은
선한 사람이 아무것도 하지 않는 것이다.

— 에드먼드 버크(Edmund Burke, 정치 철학자)

*

모든 것에 인내하되 무엇보다도 자기 자신에게 인내하라.

— 성 프란치스코 살레시오(St. Francis de Sales, 제네바의 주교)

*

인내와 불굴의 용기가 모든 것을 정복한다.

— 랄프 왈도 에머슨(Ralph Waldo Emerson, 사상가)

선과 악의 경계는 투과성이 있기 때문에

상황의 압박을 받으면 누구나 그 선을 넘을 수 있다.

— 필립 짐바르도(Philip Zimbardo, 심리학자)

사소한 감정이 중요하다.

사소한 감정들이 우리 삶의 위대한 지휘관이라는 것을 잊지 말자. 우리는 그것을 깨닫지 못한 채 그들에게 복종한다.

∗

마음에는 이성(理性)이 알지 못하는 이유(理由)가 있다.

— 블레이즈 파스칼(Blaise Pascal, 철학자/수학자)

∗

사소한 것들? 사소한 순간들? 그것들은 결코 사소하지 않다.

— 존 카밧진(Jon Kabat-Zinn, 마음챙김 센터 창시자/의과대학 교수)

∗

감정은 화학물질과 같아서 분석할수록 더 나쁜 냄새가 난다.

— 찰스 킹슬리(Charles Kingsley, 소설가/성공회 사제)

감정이 항상 이성(理性)의 지배를 받는 것은 아니다.

감정은 항상 행동의 지배를 받는다.

– 윌리엄 제임스(William James, 철학자)

*

감정은 파도와 매우 유사하여

파도가 오는 것을 막을 수는 없지만

어떤 파도를 탈지는 선택할 수 있다.

– 요나탄 마르텐손(Jonatan Mårtensson, 작가)

기회가 올 때까지 기다리자.

우리 안에 있는 것이 겉으로 드러날까? 누군가는 내면에 큰 열정을 가지고 있지만 아무도 그것을 알아채지 못한다. 사람들이 굴뚝에서 올라오는 연기를 그저 쳐다보곤 자기 갈 길을 가는 것처럼 말이다. 그렇다면 어떻게 해야 한단 말인가? 그 열정을 살리고, 인내심을 가지고 열망하며, 적절한 사람이 나타나서 알아봐 줄 때까지 기다려야 하는 것이다. 하나님을 믿는 사람이 언젠가 기회가 올 것이라 믿고 기다리는 것처럼 말이다.

자신이 하는 일을 사랑하지 않는다면
신념이나 열정을 가지고 그 일을 할 수 없다.

— 미아 햄(Mia Hamm, 축구 선수)

*

비전을 실현하는 위대한 리더의 용기는
지위가 아니라 열정에서 나온다.

— 존 C. 맥스웰(John C. Maxwell, 리더십 저술가)

*

연금이 아니라 열정을 좇으라.

— 데니스 웨이틀리(Denis Waitley, 동기부여 저술가)

*

열정은 영혼의 산소이다.

— 빌 버틀러(Bill Butler, 영화촬영 감독)

*

당신이 열정적으로 좋아하는 일을 찾아서
그 일에 지속적으로 관심을 가져야 한다.

— 줄리아 차일드(Julia Child, 요리연구가)

*

사랑하는 사람은 기억으로 남아 있다.

우리가 사랑했던 모든 사람에 대한 기억은 남아 있다가 인생의 저녁에 우리에게 돌아온다. 그들은 죽은 것이 아니라 잠을 자고 있으니, 그들의 보물을 소중히 간직하는 것이 좋다.

*

기억은 모든 것의 보고이자 수호자다.

― 키케로(Cicero, 고대 로마 정치인)

*

우리는 날을 기억하는 것이 아니라 순간을 기억한다.

― 체사레 파베세(Cesare Pavese, 소설가)

*

죽음은 아무도 치유할 수 없는 아픔을 남기고

사랑은 아무도 빼앗을 수 없는 기억을 남긴다.

― 아일랜드의 어느 비석에 새겨진 글

*

우리의 기억은 우리가 결코 쫓겨날 수 없는 유일한 낙원이다.

― 장 파울 리히터(Jean Paul Richter, 소설가)

〈들판을 가로지르는 두 여자〉(1890년 7월)

현재는 무한한 과거와 무한한 미래를 구분하는

끊임없이 움직이는 그림자다.

— 랄프 왈도 에머슨(Ralph Waldo Emerson, 사상가)

어떻게 해야 쓸모 있는 인간이 될 수 있을까?

게으름뱅이에도 여러 종류가 있다. 천성적으로 태만하고 성격이 우유부단

해서 게으름을 피우는 사람이 있다. 원한다면 나를 그런 인간으로 생각해

도 좋다. 그리고 또 다른 종류의 게으름뱅이가 있다. 자신도 어쩔 수 없는 게으름뱅이로, 내면에는 강한 행동에 대한 열망이 있지만, 손이 묶여 아무것도 하지 못하는 사람이다.

그는 마치 어디에 갇혀 있는 것처럼, 생산적이긴 한데 필요한 것을 갖추지 못했기 때문에, 혹은 파괴적인 상황이 그를 강제로 이런 상태로 몰아넣었기 때문에 아무것도 하지 않는다. 그런 사람이 자신이 무엇을 할 수 있는지에 대해 항상 아는 것은 아니지만 그럼에도 불구하고 본능적으로 자신이 무언가에 대해 잘한다는 느낌을 갖는다! 나라는 존재에 이유가 없는 것은 아니다! 나는 내가 완전히 다른 사람이 될 수 있다는 것을 알고 있다! 어떻게 해야 내가 쓸모 있고 봉사할 수 있는 인간이 될 수 있을까? 내 안에 무언가가 있는데 그게 무엇일까? 그런 인간은 또 다른 게으름뱅이. 원한다면 나를 그런 인간으로 생각해도 좋아.

*

재능이 열심히 노력하지 않으면 노력이 재능을 이긴다.

— 팀 노트케(Tim Notke, 농구 감독)

*

기회는 보통 노력으로 위장하기 때문에
대부분의 사람들은 기회를 인식하지 못한다.

— 앤 랜더스(Ann Landers, 칼럼니스트)

*

행동은 모든 성공의 기본 열쇠이다.

— 파블로 피카소(Pablo Picasso, 화가)

＊

지금 있는 곳에서 시작하라. 가진 것을 활용하라.

할 수 있는 일을 하라.

— 아서 애쉬(Arthur Ashe, 테니스 선수)

＊

모방에 성공하는 것보다 독창성에서 실패하는 것이 낫다.

— 허먼 멜빌(Herman Melville, 소설가)

외롭다고 무리하게 친구를 찾지 말자.

우리는 때때로 외로움을 느끼고 친구를 그리워한다. 그리고 "이 사람이 바로 그 사람이다"라고 말할 만한 친구를 찾으면 우리 자신은 완전히 달라지고 더 행복해질 것이라고 생각한다. 그러나 너도 배우기 시작할 것이다, 이러한 갈망의 이면엔 너무 많은 것을 양보한다면 그 갈망이 우리를 길에서 벗어나게 한다는 것, 그러한 자기기만이 존재한다는 것을.

세상에서 가장 위대한 것은

자기 자신에게 들어가는 방법을 아는 것이다.

— 미셸 드 몽테뉴(Michel de Montaigne, 철학자)

*

군중에 섞여 잘못된 방향으로 가는 것보다

혼자 걷는 것이 낫다.

— 다이앤 그랜트(Diane Grant, 영화배우)

*

우리가 정복하는 것은 산이 아니라 우리 자신이다.

— 에드먼드 힐러리(Edmund Hillary, 산악인)

*

우리는 모두 혼자 태어나서 혼자 죽는다.

외로움은 분명 여정의 일부이다.

— 시오반 팰런(Siobhan Fallon, 소설가)

*

외로움은 자아의 가난이고

고독은 자아의 풍요로움이다.

— 메이 사튼(May Sarton, 시인/소설가)

*

음악처럼 살기를 원한다.

결국 우리는 냉소주의, 회의주의, 협잡에 질리게 될 것이고, 더 음악적으로 살기를 원하게 될 것이다.

＊

인생은 한 번뿐이지만 제대로만 산다면 한 번으로 충분하다.

— 메이 웨스트(Mae West, 영화배우)

＊

음악이 없다면 인생은 실수일 것이다.

— 프리드리히 니체(Friedrich Nietzsche, 철학자)

＊

아무도 보지 않는 것처럼 춤추고, 상처받은 적이 없는 것처럼 사랑하라.
아무도 듣지 않는 것처럼 노래하고, 이 땅에 천국이 있는 것처럼 살아라.

— 알프레드 디 수자(Alfred D'Sousza, 가톨릭 신부/시인)

＊

내가 인생에 대해 배운 모든 것을 세 단어로 요약할 수 있다면
'삶이 계속된다는 것이다(It goes on)'.

— 로버트 프로스트(Robert Frost, 시인)

음악은 일상의 먼지를 영혼에서 씻어낸다.

― 베르톨트 아우어바흐(Berthold Auerbach, 시인)

인간은 말로써 생각을 표현하는 기술에 평생을 보낸다.

우리는 말로 생각을 표현하는 기술을 무의식적으로 연습하는 데 평생을 보냈다.

*

언어는 인간 정신의 무기고이며,
과거의 전리품과 미래의 정복 무기를 한꺼번에 담고 있다.

― 사무엘 테일러 콜러리지(Samuel Taylor Coleridge, 시인)

*

우리의 모든 지식은 감각에서 시작하여
이해로 나아가고 이성(理性)으로 끝난다.
이성보다 더 높은 것은 없다.

― 임마누엘 칸트(Immanuel Kant, 철학자)

*

내 언어의 한계는 곧 내 세계의 한계를 의미한다.

– 루트비히 비트겐슈타인(Ludwig Wittgenstein, 철학자)

*

언어는 한 문화의 로드맵이다.

언어를 통해 사람들이 어디에서 왔고

어디로 가는지 알 수 있다.

– 리타 메이 브라운(Rita Mae Brown, 소설가)

*

언어는 자유로운 창조의 과정이다.

그 법칙과 원리는 고정되어 있지만 생성의 원리를

사용하는 방식은 자유롭고 무한대로 다양하다.

– 노암 촘스키(Noam Chomsky, 언어학자)

친구는 인생의 보물이다.

가까운 친구는 진정한 인생의 보물이다. 때때로 그들은 우리 자신보다 우리
를 더 잘 알기도 한다. 그들은 온화한 정직함으로 우리를 안내하고 지지하

며 웃음과 눈물을 함께 나누기 위해 존재한다. 그들의 존재는 우리가 결코 혼자가 아니라는 사실을 일깨워준다.

*

우정이란 당신이 누구를 가장 오래 알고 지냈는지가 아니라
누가 와서 당신의 곁을 떠나지 않았는지에 관한 것이다.

– 미상

*

이 세상엔 낯선 사람은 없고
아직 만나지 못한 친구들만 있을 뿐이다.

– 윌리엄 버틀러 예이츠(William Butler Yeats, 시인)

*

최고의 거울은 오랜 친구이다.

– 조지 허버트(George Herbert, 시인/성공회 성직자)

*

진정한 우정은 결코 평온하지 않다.

– 세비녜 부인(Madame de Sévigné, 작가)

*

진정한 우정은 건강과 같아서 잃기 전에는
그 가치를 알 수 없는 법이다.

– 찰스 칼렙 콜튼(Charles Caleb Colton, 작가/성직자)

66

슬픔은 피할 수 없다.

99

슬픔은 영원히 이어진다.

*

무거운 마음은 하늘의 먹구름처럼

물을 조금만 흘려보내도 아주 잘 풀린다.

— 크리스토퍼 몰리(Christopher Morley, 저널리스트/시인)

*

'행복'이라는 단어는 슬픔과 균형을 이루지 못하면

그 의미를 잃는다.

— 칼 융(Carl Jung, 정신분석학자)

*

슬픔은 시간의 날개를 타고 날아간다.

— 장 드 라 퐁텐(Jean de La Fontaine, 시인)

*

슬픔은 바다와 같아서 때로는 익사하기도 하고

때로는 헤엄쳐야 하는 경우도 있다는 것을 이해해야 한다.

— R.M. 드레이크(R.M. Drake, 작가)

모든 사람은 어떤 종류의 슬픔을 안고 살아간다.

슬픔을 소매에 걸치고 다니지 않을 수도 있지만

깊이 들여다보면 거기에 슬픔이 있다.

– 타라지 P. 헨슨(Taraji P. Henson, 영화배우)

나는 이미 가치가 있는 인간이다.

내가 미래에 가치가 있는 사람이 된다면 지금 나는 이미 그런 가치가 있는 존재이다. 사람들이 처음에 밀을 잡초로 착각하더라도 밀은 여전히 밀인 것처럼 말이다.

＊

당신은 나무와 별 못지않은 우주의 자녀이기 때문에

이곳에 있을 권리가 있다.

– 맥스 에흐만(Max Ehrmann, 시인/변호사)

＊

당신은 지금 이대로도 충분하다.

– 메건 마클(Meghan Markle, 영국 서식스 공작 해리의 부인/영화배우)

당신은 당신이 아는 것보다 더 강하고

지금 있는 그대로 아름답다.

— 멜리사 에더리지(Melissa Etheridge, 싱어송라이터)

*

당신은 존재하기 때문에 가치 있는 사람이다.

당신이 하는 일이나 당신이 한 일 때문이 아니라

그저 당신이 존재하기 때문에 그런 것이다.

— 맥스 루카도(Max Lucado, 크리스천 작가)

〈밤의 하얀집〉(1890년 6월)

당신은 충분하다. 당신은 넘치도록 충분하다.

당신이 얼마나 충분한지 믿을 수 없을 정도다.

— 시에라 드머드(Sierra DeMudd, 시인/방송인)

사람의 마음은 바다와 같다.

사람의 마음은 바다와 같아서 폭풍과 파도가 있고 그 깊은 곳에는 진주가 숨겨져 있다.

*

바다는 한 번 마법을 걸면

영원히 경이로움의 그물에 사람을 가둬버린다.

— 자크 이브 쿠스토(Jacques Yves Cousteau, 탐험가)

*

세상에서 가장 훌륭하고 아름다운 것은 눈으로 보거나

만질 수 있는 것이 아니라 마음으로 느껴져야 하는 것이다.

— 헬렌 켈러(Helen Keller, 교육자)

*

마음은 언제나 가득 찬 바다이며

그 깊은 곳에는 미지의 보물이 숨겨져 있다.

― 미상

＊

물 한 방울에 바다 전체의 모든 비밀이 담겨 있다.

― 칼릴 지브란(Kahlil Gibran, 시인)

＊

바다는 마음을 움직이고 상상력을 자극하며

영혼에 영원한 기쁨을 선사한다.

― 윌랜드(Wyland, 벽화예술가)

죽음은 별에로의 여행이다.

언젠가 죽음은 우리를 또 다른 별로 데리고 갈 것이다.

＊

인생은 다른 계획을 세우느라 바쁠 때 일어나는 현상이다.

― 앨런 손더스(Allen Saunders, 만화가)

산다는 것은 세상에서 가장 희귀한 일이다.

대부분의 사람들은 그저 존재할 뿐이다.

— 오스카 와일드(Oscar Wilde, 시인)

*

인생은 목적지가 아니라 여정이다.

— 랄프 왈도 에머슨(Ralph Waldo Emerson, 사상가)

*

죽는다는 것은 엄청나게 큰 모험이 될 것이다.

— J.M. 배리(J.M. Barrie, 소설가)

*

인생이란 대단한 모험이거나 아니면 아무것도 아니다.

— 헬렌 켈러(Helen Keller, 교육자)

서점에 가면 기분이 좋아진다.

서점을 방문하면 기분이 좋아지면서 세상에는 좋은 일이 많다는 사실을 깨닫는 경우가 많다.

책이 없는 방은 영혼이 없는 몸과 같다.

— 키케로(Cicero, 고대 로마 정치인)

＊

책은 영혼의 거울이다.

— 버지니아 울프(Virginia Woolf, 소설가)

＊

책은 가장 조용하고 변함없는 친구이며

가장 접근하기 쉽고 가장 현명한 상담자이자

가장 인내심이 많은 스승이기도 하다.

— 찰스 W. 엘리엇(Charles W. Eliot, 하버드대학교 총장)

＊

책은 비행기이자 기차이고 길이다.

책은 목적지이자 여정이고 집이다.

— 안나 퀸들렌(Anna Quindlen, 저널리스트)

＊

책은 당신이 손으로 쥐고 있는 꿈이다.

— 닐 게이먼(Neil Gaiman, 소설가)

＊

책방은 좋은 일을 상기시켜 준다.

책방은 이 세상에는 좋은 일이 있다는 것을 항상 상기시켜 준다.

*

책만큼 충실한 친구는 없다.

— 어니스트 헤밍웨이(Ernest Hemingway, 소설가)

*

책은 과다 복용의 위험이 없는 단단한 마약이다.

나는 책의 행복한 희생양이다.

— 칼 라거펠트(Karl Lagerfeld, 패션 디자이너)

*

독서는 어디든 다가갈 수 있는 할인 티켓이다.

— 메리 슈미히(Mary Schmich, 언론인)

*

나는 오래된 책의 냄새를 사랑한다.

그것은 역사, 모험, 가능성의 냄새 같은 것이다.

— 다이애나 가발돈(Diana Gabaldon, 소설가)

*

책은 수백만 개의 새로운 세계로

통하는 문을 여는 열쇠이다.

— 엘라 피츠제럴드(Ella Fitzgerald, 재즈 가수)

고통은 견딜 수밖에 없다.

고통을 불평 없이 견디는 것이 이번 삶에서 배워야 할 유일한 교훈이다.

*

고통은 선물이다. 그 안에 숨겨진 자비가 들어 있다.

— 신시아 오직(Cynthia Ozick, 소설가)

*

고통은 존재의 본질이다.

— 아르투어 쇼펜하우어(Arthur Schopenhauer, 철학자)

*

노동이 몸을 단련하듯 어려움은 마음을 단련한다.

— 세네카(Seneca, 고대 로마 철학자)

*

잔잔한 바다는 선원을 숙련시키지 못한다.

– 아프리카 속담

✳

고통은 인생의 가장 위대한 스승 중 하나이다.

– 브라이언트 H. 맥길(Bryant H. McGill, 자기계발 저술가)

이상적인 삶에 대해 향수를 느낀다.

예술적인 삶이 충만한 가운데서도, 결코 이루어질 수 없는, 진정으로 이상
적인 삶에 대한 향수병적인 그리움이 존재하고, 그에 대한 갈망이 반복적
으로 느껴진다.

✳

진정한 예술 작품은 신성한 완벽함의 그림자에 불과하다.

– 미켈란젤로(Michelangelo, 조각가/화가)

✳

예술은 자유의 딸이다.

– 프리드리히 실러(Friedrich Schiller, 시인)

미술은 위험을 감수하는 사람만이 탐험할 수 있는

미지의 세계로의 모험이다.

― 마크 로스코(Mark Rothko, 화가)

*

감정에서 시작되지 않은 미술 작품은 예술이 아니다.

― 폴 세잔(Paul Cezanne, 화가)

*

미술은 우리의 가장 깊은 내면과 소통하는 방식이다.

― 프리다 칼로(Frida Kahlo, 초현실주의 화가)

나는 나만의 나일 뿐이다.

사람들이 나를 있는 그대로 받아주면 좋겠다.

*

당신은 원본으로 태어났으니 복사본으로 죽지 말라.

― 존 메이슨(John Mason, 동기부여 저술가)

*

당신은 누구에게도 당신이 누구인지
어떤 사람인지 말해줄 필요가 없다. 당신은 당신일 뿐이다!

– 존 레논(John Lennon, 가수)

*

진정성이란 우리가 생각하는 자신을 내려놓고
있는 그대로의 모습을 받아들이는 일상적인 연습이다.

– 브레네 브라운(Brené Brown, 사회복지학 교수)

*

다른 사람이 되고 싶어 하는 것은 자신의 존재를 낭비하는 것이다.

– 커트 코베인(Kurt Cobain, 싱어송라이터)

〈쟁기질하는 사람과 둘러싸인 들판〉(1889년 9월)

만약 어머니, 아버지, 선생님, 신부님

또는 텔레비전에 나오는 어떤 사람의 말을 듣고 따르다

지루하고 비참한 삶을 살게 된다면, 그건 전적으로 당신의 잘못이다.

— 프랭크 자파(Frank Zappa, 음악가)

하고 싶은 일을 하지 못한다는 것은
우물 바닥에 누워 있는 것과 다를 바 없다.

내가 하고 싶은 일을 할 수 없어서 나 자신에게 화가 나고, 이런 순간에는
마치 깊고 어두운 우물 바닥에 손발이 묶인 채 완전히 무력하게 누워 있는
것 같은 기분이 든다.

＊

역경은 진리에 이르는 첫 번째 길이다.

— 바이런 경(Lord Byron, 철학자)

＊

역경은 하늘이 보석을 연마하는 다이아몬드 가루이다.

— 로버트 A. 하인라인(Robert A. Heinlein, SF 작가)

큰 스트레스나 역경이 닥쳤을 때는 항상 바쁘게 지내며
분노와 에너지를 긍정적인 일에 쏟는 것이 가장 좋다.

− 리 아이아코카(Lee Iacocca, Ford Motor 컴퍼니 CEO)

*

역경은 번영하는 상황이었다면
잠자고 있을 재능을 이끌어내는 효과가 있다.

− 호라티우스(Horace, 고대 로마 시대 시인)

*

역경은 때때로 사람을 괴롭히는데, 번영을 견뎌내는 사람은
한 명 뿐인 반면, 역경을 견뎌내는 사람은 백 명이나 된다.

− 토마스 칼라일(Thomas Carlyle, 역사학자)

내가 개와 다를 바 없다는 것을 인정하는 바이다.

아버지와 어머니가 나에 대해 생각했던 본능적인 감정이 느껴진다 − 하지
만 내 느낌을 뭐라고 설명하기는 어렵다. 나를 집안에 끌어들이는 것이 마
치 집안에 털이 많은 큰 개를 키우는 것 같은 거부감이 있었을 것이다. 그 대

형견은 젖은 발로 방 안에 들어올 것이고 사방에 털을 날릴 것이다. 덩치가 커서 식구들이 통행하는 것을 방해하고 또 시끄럽게 짖을 것이다. 한마디로 말해서 그 개는 불결한 동물이라는 거다. 하지만 나를 개에 비유하더라도 나에게는 인간의 역사와 영혼이 있고, 깊은 감정이 있다. 나는 평범한 개와는 달리 사람들이 나를 어떻게 바라보는지 느낄 수 있다. 그래, 나는 나 자신이 일종의 개라는 사실을 인정하고 받아들이겠다.

*

당신에겐 당신이 잘 모르는 사람들만이 정상적인 사람들이다.

— 알프레드 아들러(Alfred Adler, 개인심리학 창시자 / 정신과의사)

*

괴롭힘에 시달려 침묵하지 말라.

스스로를 희생자로 만들지 말라.

자신의 삶에 대한 다른 사람의 정의를 받아들이지 말고

스스로 정의하라.

— 하비 피어스타인(Harvey Fierstein, 영화배우)

*

사람들이 나를 어떻게 생각하는지 보다

내가 나 자신에 대해 어떻게 생각하는지가 훨씬 더 중요하다.

— 세네카(Seneca, 고대 로마 철학자)

*

우리는 우리가 받을 자격이 있다고 생각하는

사랑만을 받아들인다.

— 스티븐 크보스키(Stephen Chbosky, 소설가)

*

남들과 다르다는 사실이

세상에서 가장 아름다운 것 중 하나이다.

— 미상

넘어지면 다시 일어서면 된다.

실수할 수 있다는 것을 알면서도 여전히 실수를 저지른다. 나는 그저 넘어지면 일어설 뿐이다.

*

우리의 가장 큰 약점은 포기하는 것이다.

성공하는 가장 확실한 방법은 항상 한 번만 더 시도하는 것이다.

— 토마스 A. 에디슨(Thomas A. Edison, 발명가)

*

불사조는 부활하기 위해 반드시 불타 없어져야 한다.

— 자넷 피치(Janet Fitch, 소설가)

✳

실패해도 괜찮다는 마음을 먹으면
동시에 뛰어난 성과를 거둘 기회도 얻게 되는 것이다.

— 엘로이즈 리스타드(Eloise Ristad, 작가)

✳

인생이란 것이 결코 공연되지 않을 연극을 위한
긴 리허설이자 초안일 뿐이라는 것을
실패는 가르쳐 준다.

— 아멜리 노통(Amélie Nothomb, 작가)

✳

현실 세계에서는
매우 똑똑한 사람이 실패하고
평범한 사람이 성공한다.
사람들을 실패하거나
성공하게 만드는 요소 중 하나는
지능과 무관한 것이다.

— 나심 니콜라스 탈렙(Nassim Nicholas Taleb, 경영학자/위기분석 전문가)

✳

실수를 하더라도 열정적으로 사는 것이 낫다.

우리가 의롭게 살려고만 노력한다면, 비록 진실된 슬픔과 진정한 실망에 직면한다 해도, 정말로 실수를 저지르고 잘못된 일을 한다 해도, 편협한 마음을 가지고 지나치게 조심스럽게 행동하는 것보다는 더 많은 실수를 하더라도 정신적으로 열정적인 것이 확실히 더 낫다.

*

배는 항구에 있으면 안전하지만, 그게 배의 존재 이유는 아니다.

— 윌리엄 G.T. 셰드(William G.T. Shedd, 장로교 신학자)

*

위대함에 도달하고 싶다면 허락을 구하지 말라.

— 미상

*

성공으로 가는 길은 항상 공사 중이다.

— 릴리 톰린(Lily Tomlin, 영화배우)

*

실수는 지혜의 성장통이다.

— 윌리엄 조지 조던(William George Jordan, 수필가)

불확실성을 받아들여라.
우리 인생에서 가장 아름다운 챕터엔
훨씬 뒤에야 제목이 붙게 되는 법이다.

— 밥 고프(Bob Goff, 변호사/작가)

죽음은 다음 생으로 통하는 길이다.

가난한 말, 충직한 늙은 하인은 인내심과 온순함을 가지고, 용감하고 흔들림 없이 마지막 순간을 기다리고 있다, 마치 "경비대는 죽지만 항복하지 않는다"라고 말한 옛 경비병처럼. 우리도 언젠가는 사망의 음침한 골짜기를 통과해야 한다는 것은 슬프고도 매우 우울한 장면임에 틀림없다, 마치 "인생의 끝은 눈물 또는 흰 머리카락이다"라는 말을 알고 느끼는 모든 사람처럼. 그 너머에 무엇이 있는지는 오직 하나님만이 아시는 위대한 신비이지만, 그분은 말씀을 통해 죽은 자의 부활이 있음을 분명히 밝혀 주셨다.

✳

고통은 지나가지만 아름다움은 남는다.

— 피에르 오귀스트 르누아르(Pierre–Auguste Renoir, 화가)

우리가 친구를 잃고 슬퍼하는 동안 다른 이들은
저 너머의 베일 뒤에서 그를 만나 기뻐하고 있다.

– 존 테일러(John Taylor, 예수그리스도 후기 성도교회 3대 회장)

*

잠시 머물렀을 뿐이지만 당신의 발자국이
우리 마음에 얼마나 큰 흔적을 남겼는지 모른다.

– 도로시 퍼거슨(Dorothy Ferguson, 작가)

〈폴라드 버드나무가 있는 풍경〉(1884년 4월)

죽음은 다른 길로 통하는 문에 불과하다.

– 미상

*

우리 주님은 부활의 약속을 책에만 기록하지 않으시고

봄날의 나뭇잎 하나하나에 다 기록하셨다.

– 마틴 루터(Martin Luther, 신학자/종교 개혁가)

마음을 단순하게 유지하는 것이 중요하다.

단순한 마음을 가진 사람들은 현명한 사람들이 무시하는 많은 것들을 안다.

*

지혜는 말하고 싶을 때 평생 경청한 대가로 얻는 보상이다.

– 더그 라슨(Doug Larson, 칼럼니스트)

*

현명한 사람은 어리석은 사람이

마지못해 결국 해내는 일을 단번에 해낸다.

– 발타자르 그라시안(Baltasar Gracián, 예수회 신부/작가)

모든 것을 안다고 생각하는 사람은 아무것도 깨우치지 못한다.

– 미상

＊

더 어려운 것이 반드시 더 가치 있는 것은 아니다.

– 성 토마스 아퀴나스(Saint Thomas Aquinas, 신학자/철학자)

＊

어리석은 자는 자기가 현명하다고 생각하지만

현명한 자는 자신이 어리석다는 것을 안다.

– 윌리엄 셰익스피어(William Shakespeare, 극작가)

나만을 위한 삶이다.

나에게는 삶이 혼자서 계속되는 것인지도 모른다. 가장 가까운 사람들도 선명하게 본 적이 없고, 마치 어두운 유리를 통해 보는 것과 같다.

＊

외로움은 고독을 견딜 수 있는 사람만이 정복할 수 있다.

– 폴 틸리히(Paul Tillich, 신학자)

모든 사람의 불행은

조용한 방에 혼자 앉아있지 못하는 데서 비롯된다.

— 블레이즈 파스칼(Blaise Pascal, 철학자/수학자)

*

외로움은 삶에 아름다움을 더해주고

석양에 특별한 불빛을 더하고

밤공기의 냄새를 더 좋게 만든다.

— 헨리 롤린스(Henry Rollins, 가수)

*

혼자가 된다는 것은 다르다는 것이고

다르다는 것은 외롭다는 것이다.

— 수잔 고든(Suzanne Gordon, 저널리스트)

*

고독은 창의성의 가장 좋은 친구이며

고독은 우리 영혼의 재충전이다.

— 나오미 저드(Naomi Judd, 가수)

*

운명을 받아들여야 한다.

자신의 운명의 현실을 깨닫고 받아들여야 한다, 그게 전부이다.

*

운명은 전사(戰士)에게 "넌 폭풍을 견딜 수 없다"고 속삭인다.

전사는 "내가 바로 폭풍이다"라고 받아친다.

— 제이크 레밍턴(Jake Remington, 작가)

*

사람이 자기 자신에 대해 어떻게 생각하느냐에 따라 운명이 결정된다.

— 헨리 데이비드 소로(Henry David Thoreau, 철학자)

*

운명은 겁이 없는 자를 사랑한다.

— 제임스 러셀 로웰(James Russell Lowell, 시인)

*

운명은 내가 요구하지도 않았고

좋아하지도 않는 음식을 늘 가져다주는

기이한 웨이터들로 가득한 낯설고 인기 없는 식당과 같다.

— 레모니 스니켓(Lemony Snicket, 소설가)

운명이 우리에게 레몬을 건네주면 레모네이드를 만들어 보자.

— 데일 카네기(Dale Carnegie, 동기부여 저술가)

예술이나 사랑에 몰입하지 말라.

사람을 메마르게 할 수 있으니 너무 공부에 매달리지 말라. 사람이 할 수 있는 일이 거의 없다는 점에서, 너무 적게 즐기기보다는 차라리 너무 많이 즐기고, 예술이나 사랑을 너무 진지하게 생각하지 말라.

*

예술은 불안한 자를 위로하고 편안한 자를 교란해야 한다.

— 세자르 크루즈(Cesar Cruz, 작가)

*

춤추는 별을 탄생시키려면 내면에 혼돈이 있어야 한다.

— 프리드리히 니체(Friedrich Nietzsche, 철학자)

*

예술은 언어의 한계를 뛰어넘는 유일한 방법이다.

— 오르한 파무크(Orhan Pamuk, 소설가)

예술은 사회의 제약으로부터 진정한 자유를 찾을 수 있는
유일한 방법이다.

– 장 폴 사르트르(Jean–Paul Sartre, 철학자)

고통은 행복과 다르지 않다.

절망의 어두운 밤들이 지난 어느 날 아침, 삶에 대한 억누를 수 없는 갈망은
모든 것이 끝났고 고통은 행복 이상의 의미가 없다는 사실을 알려줄 것이다.

*

인생은 행복과 눈물로 가득하니 강인하면서 신념을 가져야 한다.

– 카리나 카푸어 칸(Kareena Kapoor Khan, 영화배우)

*

고통이 없다면 고뇌가 없고,
고뇌가 없다면 우리는 실수로부터 결코 배울 수 없다.
고통과 고뇌는 모든 창문의 열쇠이기 때문에
고뇌 없이는 삶의 방식도 없다.

– 안젤리나 졸리(Angelina Jolie, 영화배우)

고통과 즐거움은 빛과 어둠처럼 번갈아가며 이어진다.

― 로렌스 스턴(Laurence Sterne, 소설가)

*

기쁨과 슬픔은 떼려야 뗄 수 없는 관계이다.

둘은 함께 오기 때문에, 하나가 당신과 함께 앉아 있을 때

다른 하나가 당신의 침대 위에 잠들어 있다는 것을 기억하라.

― 칼릴 지브란(Kahlil Gibran, 시인)

*

빛과 어둠의 모든 순간이 기적이다.

― 월트 휘트먼(Walt Whitman, 시인)

때로는 탈진하여 일어서지 못할 때도 있다.

때로는 안도감이 들기도 한다. 때로는 내면에 새로운 에너지가 생겨나 일어서기도 한다. 그러다 언젠가는 더 이상 일어나지 못하게 되는데, 그게 뭐 대수인가. 그렇게 되는 것이 인생사인 걸.

*

인간이 짊어질 수 있는 짐의 용량은 대나무와 같아서
언뜻 보기에 생각하는 것보다 훨씬 유연하다.

— 조디 피코(Jodi Picoult, 소설가)

*

인생은 폭풍이 지나가기를 기다리는 것이 아니라
빗속에서 춤추는 법을 배우는 것이다.

— 비비안 그린(Vivian Greene, 작가)

*

독수리가 깃털을 새로 단장하듯
우리 인간도 더 높이 날기 위해선 과거를 벗어던져야 한다.

— 라일라 기프티 아키타(Lailah Gifty Akita, 작가)

*

통제할 수 없는 것은 놓아버려라.

— 지나 레이크(Gina Lake, 자기계발 저술가)

*

한평생 살아가면서
우리가 이해하지 못하는 일들이 많이 일어난다.
하지만 그 여정이 무의미하거나 어렵게 느껴질지라도
그 여정을 믿어야 한다.

— 멜로디 비티(Melody Beattie, 자기계발 저술가)

노력의 보상은 지금이 아닌 나중에 온다.

인간은 한평생을 살면서 삶이 제공하지 못하는 것을 기대하지 않게 된다. 하지만 인생은 씨앗을 심는 것과 같아서, 그 보상은 지금이 아니라 나중에 온다는 것을 깨닫기 시작한다.

*

매일매일 거두는 수확으로 하루를 판단하지 말고
심는 씨앗으로 판단하라.

– 로버트 루이스 스티븐슨(Robert Louis Stevenson, 소설가)

*

생각을 심으면 행동을 거두고, 행동을 심으면 습관을 거두고,
습관을 심으면 성품을 거두고, 성품을 심으면 운명을 거둔다.

– 찰스 리드(Charles Reade, 소설가)

*

인생은 동전과 같다.
원하는 대로 사용할 수 있지만 한 번만 사용할 수 있다.

– 릴리안 딕슨(Lillian Dickson, 장로교 선교사/작가)

*

인생이라는 정원에 친절과 연민을 심어라.

– 라일라 기프티 아키타(Lailah Gifty Akita, 작가)

*

인생은 지우개 없이 그림을 그리는 예술이다.

– 존 W. 가드너(John W. Gardner, 미국 보건교육복지부 장관)

난 병약한 내 자신에게 화가 난다.

가여운 고갱은 운이 없다. 그의 경우 이미 침대에서 보낸 2주보다 더 늦게
회복할 것 같아 매우 걱정이다. 세상에! 우리는 과연 건강한 몸을 가진 예술
가 세대를 볼 수 있을까? 때때로 나는 나 자신에게 완전히 화가 난다. 남들
만큼 건강하지 않다고 느껴져서 나 자신에게 정말 화가 나는 것이다. 가장
이상적인 것은 여든까지 살 수 있는 튼튼한 몸과 좋은 피를 가지는 것이다.
미래의 예술가들은 더 운이 좋을지도 모른다고 생각하면 위안이 될 것이다.

*

가장 큰 재산은 건강이다.

– 베르길리우스(Virgil, 고대 로마 시인)

치유는 몸이 더 나아지는 것뿐만 아니라

내가 아닌 모든 것 – 모든 기대, 모든 신념 – 을 내려놓고

진정으로 나다운 사람이 되는 것일 수도 있다.

— 레이첼 나오미 레멘(Rachel Naomi Remen, 의사)

＊

휴식은 게으름이 아니며,

여름날 나무 아래 잔디밭에 누워 물소리를 듣거나

하늘에 떠다니는 구름을 바라보는 것은

결코 시간 낭비가 아니다.

— 존 러벅(John Lubbock, 정치인/생물학자/고고학자)

＊

건강한 태도는 전염성이 있지만

다른 사람에게서 전염되기를 기다리지 말라.

너 자신이 전파자가 되어라.

— 톰 스토퍼드(Tom Stoppard, 극작가)

＊

인체는 최고의 예술 작품이다.

— 제스 C 스콧(Jess C. Scott, 작가)

＊

친구 여동생의 갑작스런 죽음에 무척이나 슬펐다.

어제, 나는 며칠째 집에서 나오지 않는 글래드웰을 보러 갔다. 검은 눈동자와 머리카락을 가진, 생기 넘치던 그의 여동생이 블랙히스에서 말을 타다 떨어져 의식을 잃은 지 5시간 만에 사망하는 끔찍하고 충격적인 소식이 들렸다. 그녀는 열일곱 살이었다. 나는 소식을 듣자마자 글래드웰이 집에 있다는 것을 알고 만나러 갔다. 11시에 출발해서 루이샴까지 먼 길을 걸어갔다. 런던의 한쪽 끝에서 다른 쪽 끝을 가로질러 거의 5시가 다 되어서야 목적지에 도착했다. 가족들이 장례를 막 마치고 돌아온 상태라서 온 집안이 슬픔에 잠겨 있었다. 나는 거기에 도착한 것이 다행스러우면서도 너무나도 큰 슬픔과 깊은 고통의 광경에 무척 속상했고 혼란스러웠다.

"애통하는 자는 복이 있나니 저희가 위로를 받을 것이요, 슬퍼하는 자는 복이 있나니 저희가 그 슬픔으로 인하여 하나님의 위로를 받을 것이요, 마음이 청결한 자는 복이 있나니 저희가 하나님을 볼 것임이요, 사랑 가운데서 서로 결합하여 하나님께 매인 바 된 자들은 복이 있나니 저희가 하나님의 모든 것이 합력하여 선을 이루는 줄을 앎이로다."

나는 해리와 함께 저녁까지 오랫동안 이야기를 나누었다. 하나님의 나라와 《성경》에 대한 모든 것을 이야기했고 더 많은 이야기를 나누며 역 플랫

폼을 서성였다. 우리가 작별 인사를 하기 전의 그 순간들은 결코 잊지 못할 것이다.

*

하나님의 뜻과 허락 없이는 단 하나의 사건도 일어나지 않는다.

– 존 웨슬리(John Wesley, 감리교 창시자)

*

하나님의 눈에는 우연히 일어나는 일은 없다.

– 고트프리트 빌헬름 라이프니츠(Gottfried Wilhelm Leibniz, 수학자)

*

친구를 잃는 것은 사지를 잃는 것과 같다. 시간이 상처의 아픔을 치유할 수는 있지만 상실감은 회복할 수 없다.

– 로버트 수티(Robert Southey, 시인)

*

우리는 죽음이 사랑하는 사람에게 손을 얹은 뒤에야 죽음을 이해하게 된다.

– 앤 L. 드 스타엘(Anne L. de Stael, 소설가)

*

이 모든 일은 전능하신 분이 정하신 것이다.

– 블레이즈 파스칼(Blaise Pascal, 철학자/수학자)

*

지구가 둥글듯 인생도 둥글다.

사람들은 예전에는 지구가 평평하다고 생각했다. 파리에서 아스니에르까지는 평평했고, 지금도 그렇다. 하지만 과학이 지구가 전체적으로 둥글다는 사실을 입증하고 있다는 사실에는 오늘날 아무도 이의를 제기하지 않는다. 그럼에도 불구하고 사람들은 여전히 삶이 평평해서, 태어날 때부터 죽을 때까지 평평하게 이어진다는 생각을 고수한다. 하지만 인생 역시 둥글고, 그 범위와 가능성은 우리가 지금 알고 있는 지구보다 훨씬 더 넓다.

*

꿈과 현실 사이의 공간을 두려워하지 말라.

꿈을 꿀 수 있다면 현실로 만들 수 있다.

— 벨바 데이비스(Belva Davis, 언론인)

*

위대한 것은 한순간에 만들어지지 않는다.

— 에픽테토스(Epictetus, 고대 그리스 철학자)

*

영웅과 겁쟁이는 같은 감정을 느끼지만, 영웅은 그것을 견뎌낸다.

— 코맥 맥카시(Cormac McCarthy, 소설가)

우리가 살펴봐야 할 것은 건물의 아름다움이 아니라

세월의 시험을 견딜 수 있는 토대이다.

— 데이비드 앨런 코(David Allan Coe, 싱어송라이터)

*

사람들이 자신의 힘을 포기하는 가장 일반적인 방법은

자신에게 힘이 없다고 생각하는 것이다.

— 앨리스 워커(Alice Walker, 시인)

〈술 마시는 사람들(오노레 도미에의 작품을 모사)〉(1890년 2월)

멀지 않아 나를 강제로 끌고 갈 누군가가 올 것이다.

너의 삶이 너무 쉽다고 아쉬워하지 말라. 내 삶도 어찌 보면 편하기가 마찬가지다. 인생이 꽤 길다고는 하지만 멀지 않아 '누군가가 너를 묶어서 네가 가고 싶지 않은 곳으로 데려갈 때가 곧 올 것'이라는 생각이 든다.

*

요람에서 무덤까지 우리의 길은
하늘에 계신 아버지에 의해 결정되어진다.

– 조지 엘리엇(George Eliot, 소설가)

*

죽음은 영원의 궁전을 여는 황금 열쇠이다.

– 존 밀턴(John Milton, 시인)

*

모든 사람에게는 그를 떠나지 않는 수호자,
즉 죽음의 천사가 있는 곳까지 동행하기를
거부하지 않는 천사가 있다.

– 탈무드(Talmud)

*

죽음은 우리를 최종 안식처로 데려다주는 천사이다.

— 미상

＊

죽음을 두려워하지 말라.

빨리 죽을수록 우리는 더 오래 불멸할 것이니까.

— 벤자민 프랭클린(Benjamin Franklin, 정치인/발명가)

자연

나는
도달할 수 없는
별을 동경한다.

자연의 말에 귀 기울여야 한다.

화가의 언어가 아니라 자연의 언어에 귀 기울여야 한다. 왜냐하면 현실은 그림에 대한 느낌보다 더 중요하기 때문이다.

∗

자연은 결코 우리를 속이지 않는다.
우리를 속이는 것은 우리 자신이다.

– 장 자크 루소(Jean-Jacques Rousseau, 철학자)

∗

지구의 아름다움을 생각하는 사람은
생명이 지속되는 한 견딜 수 있는 힘을 얻는다.

– 레이첼 카슨(Rachel Carson, 생물학자)

∗

자연의 모든 것에는 경이로운 것이 있다.

– 아리스토텔레스(Aristotle, 고대 그리스 철학자)

∗

자연계의 아름다움은 디테일에 있다.

– 나탈리 앤지어(Natalie Angier, 논픽션 작가)

자연은 우리의 미적, 지적, 인지적,

심지어 영적 만족을 위한 열쇠를 쥐고 있다.

— 에드워드 오즈번 윌슨(E. O. Wilson, 생물학자)

자연에 대한 사랑이 예술의 근본이다.

자연에 대한 사랑을 간직하는 것이야말로 예술을 더 많이 이해하는 진정한 방법이다.

*

자연에 대한 사랑은 모든 지혜의 시작이다.

— 볼테르(Voltaire, 계몽주의 작가)

*

지구에는 듣는 자를 위한 음악이 준비되어있다.

— 조지 산타야나(George Santayana, 철학자)

*

자연은 자연을 사랑하는 마음을 배신하지 않는다.

— 윌리엄 워즈워스(William Wordsworth, 시인)

자연을 공부하고, 자연을 사랑하고, 자연과 가까이 지내라.

자연은 결코 당신을 실망시키지 않을 것이다.

– 프랭크 로이드 라이트(Frank Lloyd Wright, 건축가)

＊

내가 성취하는 풍요로움은 영감의 원천인 자연에서 비롯된다.

– 클로드 모네(Claude Monet, 화가)

자연을 사랑하면 예술을 이해할 수 있다.

예술을 더 잘 이해하는 올바른 방법은 산책을 많이 하고 지속적으로 자연
을 사랑하는 것이다. 화가들은 자연을 이해하고 사랑하며 우리에게 자연을
보는 법을 가르친다.

＊

자연은 우리의 가장 위대한 스승이라서

그 어떤 책을 읽는 것보다 야외에서 보내는 시간으로부터

더 많은 것을 배울 수 있다고 믿는다.

– 실비아 플라스(Sylvia Plath, 시인)

가장 위대한 예술가는
평범한 것에서 아름다움을 볼 수 있는 사람이다.

– 앙투안 드 생텍쥐페리(Antoine de Saint-Exupéry, 소설가)

*

곰곰이 생각할수록 세상엔 자연의 종교 외에는
다른 종교가 없다는 확신이 더욱 강해진다.

– 장 자크 루소(Jean-Jacques Rousseau, 철학자)

〈건초 더미가 있는 밀밭〉(1888년 6월)

예술은 새로운 눈으로 세상을 보는 방법이다.

— 존 버거(John Berger, 소설가)

＊

예술가의 의무는

세상의 아름다움을 드러내는 것이지 창조하는 것이 아니다.

— 오스카 와일드(Oscar Wilde, 시인)

자연이 너무 아름다우면 그림이 꿈처럼 보인다.

자연이 너무 아름다운 순간에는 무서울 정도로 선명해지는 것을 경험한다.
나 자신에 대해 확신감이 사라지면서 그림은 꿈처럼 보이게 된다.

＊

자연은 언제나 영혼의 색을 입는다.

— 랄프 왈도 에머슨(Ralph Waldo Emerson, 사상가)

＊

자연의 속도를 받아들여라. 자연의 비밀은 인내이다.

— 랄프 왈도 에머슨((Ralph Waldo Emerson, 사상가)

자연과 함께 걷는 모든 순간

사람은 찾고자 했던 것보다 훨씬 더 많은 것을 얻는다.

— 존 뮤어(John Muir, 자연주의 작가)

＊

자연을 깊이 들여다보면

모든 것을 더 잘 이해할 수 있게 된다.

— 알버트 아인슈타인(Albert Einstein, 물리학자)

＊

자연의 아름다움은 내 인생에서 가장 큰 영감 중 하나였다.

— 엘리엇 포터(Eliot Porter, 사진 작가)

아기의 눈빛 속에서 영원한 무언가를 본다.

만약 누군가가 웅장하고, 무한하고, 신의 존재를 느끼게 하는 무언가가 필요하다면 멀리 갈 필요는 없다. 아침에 깨어나 태양이 요람 위로 비치는 것을 보고 옹알거리거나 웃는 아기의 눈빛 속에서 나는 바다보다 더 깊고, 더 무한하고, 더 영원한 무언가를 본다.

한 알의 모래에서 세상을 보고

한 송이의 야생화에서 천국을 보려면

손바닥 안에 무한(無限)을, 한 시간 안에 영원을 담아야 한다.

– 윌리엄 블레이크(William Blake, 화가)

＊

영혼은 아이들과 함께함으로써 치유된다.

– 표도르 도스토옙스키(Fyodor Dostoevsky, 소설가)

＊

어린이의 눈에는 기쁨과 웃음이 있고, 희망과 신뢰가 있으며,

미래를 만들어갈 기회가 있다.

– 미상

＊

아이는 자신이 기적이며

창세 이래로 자신과 같은 아이는 없었고

앞으로도 없을 것이라는 사실을 알아야 한다.

– 파블로 카잘스(Pablo Casals, 첼로 연주자)

＊

우리는 아이들에게 인생에 대한 모든 것을 가르치려 하지만

아이들은 우리에게 인생이 무엇인지 가르쳐 준다.

– 안젤라 슈빈트(Angela Schwindt, 작가)

모든 어린이는 예술가이다.

문제는 어른이 된 후에도 어떻게 예술가로 남을 수 있느냐이다.

— 파블로 피카소(Pablo Picasso, 화가)

하늘은 한계가 없다.

별들을 의식하고 높은 곳에선 한계가 없다는 것을 똑바로 인식하라. 그러면 인생이 마법처럼 느껴질 것이다.

*

별은 더 커 보이지는 않지만 더 밝아 보인다.

— 샐리 라이드(Sally Ride, 물리학자/우주비행사)

*

밤하늘은 무한함이라는 기적이다.

— 테리 기예메(Terri Guillemets, 저술가)

*

별은 하늘의 푸른 들판을 장식하는 데이지 꽃이다.

— 데이비드 맥베스 무어(David Macbeth Moir, 의사/작가)

해, 달, 별이 약탈적인 인간의 손이

닿을 수 있는 곳에 있었다면

오래 전에 사라졌을 것이다.

— 해브록 엘리스(Havelock Ellis, 의사)

＊

별은 아름답기만 한 것이 아니라

숲속의 나무처럼 살아 숨 쉬고 있다.

그리고 그들은 나를 지켜보고 있다.

— 무라카미 하루키(村上春樹, 소설가)

자연은 속이지 않는다.

사랑과 지성으로 일하다 보면, 자연과 예술에 대한 진실한 사랑만으로도 사람들의 의견에 대항할 수 있는 일종의 갑옷을 입게 된다. 자연은 또한 가혹하고 힘들지만 결코 속이는 법이 없이 당신이 항상 앞으로 나아갈 수 있도록 도와준다.

＊

대지(大地)의 시(詩)는 결코 죽지 않는다.

— 존 키츠(John Keats, 시인)

＊

자연은 실수를 하지 않는다.

옳고 그름은 인간의 범주일 뿐이다.

— 프랭크 허버트(Frank Herbert, SF 작가)

＊

예술가에게는 자연 속에 추한 것이란

존재하지 않는다.

— 오귀스트 로댕(Auguste Rodin, 조각가)

＊

태양은 자신의 주위를 돌면서

자신에게 의존하는

수많은 행성들이 있음에도 불구하고

마치 우주에는 또 다른 일이 없는 것처럼

한 송이 포도를 영글게 한다.

— 갈릴레오 갈릴레이(Galileo Galilei, 천문학자)

＊

예술은 자연의 힘을 이해하는 유일한 방법이다.

— 클로드 모네(Claude Monet, 화가)

세상, 자연, 예술과 시가 있으니 충분하다.

나에겐 온갖 생각들로 가득한 세상이 있고, 자연과 예술과 시가 있다. 그것으로 충분하지 않다면, 무엇이 더 있어야 한단 말인가?

*

시는 그림자에게 춤을 추라고 요구하는 메아리이다.

— 칼 샌드버그(Carl Sandburg, 시인)

*

자연에선 그 무엇도

완벽하지 않으면서도 모든 것이 완벽하다.

나무는 뒤틀리고 이상한 방식으로

구부러져 있을 수 있지만 여전히 아름답다.

— 앨리스 워커(Alice Walker, 시인)

*

두려움, 외로움, 또는 불행을 느끼는 사람들에게

가장 좋은 치료법은 하늘, 자연, 하나님과

단둘이 조용히 지낼 수 있는 곳으로 나아가는 것이다.

— 안네 프랑크(Anne Frank, 저술가)

대지를 만지는 것은 자연과 조화를 이루는 것이다.

– 오글랄라 수(Oglala Sioux, 아메리카 인디언 부족)

✳

시의 목적은

집이 열려 있고 문에 열쇠가 없으며

초대받지 않은 손님이 마음대로 드나들어서

고독하기가 얼마나 어려운 일인지 상기시키는 것이다.

– 체스와프 미워시(Czesław Miłosz, 시인)

〈건초 더미가 있는 밀밭〉(1888년 6월)

꽃을 바라보는 것이 필요하다.

하지만 너도 말했다시피 건강을 위해서는 정원을 가꾸면서 꽃이 자라는 모습을 보는 것이 매우 필요하다.

*

정원과 도서관이 있다면 필요한 모든 것을 갖춘 것이다.

— 키케로(Cicero, 고대 로마 정치인)

*

꽃은 항상 사람들을 더 낫고, 더 행복하고, 더 도움이 되게 한다.
꽃은 영혼을 위한 햇빛, 음식, 그리고 약이다.

— 루터 버뱅크(Luther Burbank, 식물학자)

*

내 정원은 나의 가장 아름다운 걸작이다.

— 클로드 모네(Claude Monet, 화가)

*

우리는 땅에서 와서 다시 땅으로 돌아가는 그 사이에서
정원을 가꾸는 존재이다.

— 알프레드 오스틴(Alfred Austin, 시인)

정원은 위대한 스승이다.

인내심과 주의 깊은 관찰을 가르치고

근면과 절약을 가르쳐 주고

무엇보다 전적인 신뢰를 가르쳐 준다.

— 거트루드 지킬(Gertrude Jekyll, 원예가)

별이 하늘에 펼쳐져 있다.

등불이 타오르고 있고, 별이 빛나는 하늘이 그 위에 펼쳐져 있다.

*

가장 어두운 밤이 가장 밝은 별을 만들어낸다.

— 존 그린(John Green, 소설가)

*

우주는 우리의 지혜가 더 날카로워지기를

참을성 있게 기다리는 마법 같은 것들로 가득하다.

— 에덴 필포츠(Eden Phillpotts, 시인/극작가)

*

밤이 아무리 어두워도 해는 떠오를 것이다.

— 버나드 윌리엄스(Bernard Williams, 철학자)

＊

별은 보이고 싶어서 빛나는 것이 아니라

별이기 때문에 빛나는 것이다.

— 미상

＊

위대한 일을 성취하려면 행동할 뿐만 아니라 꿈도 꿔야 하고

계획할 뿐만 아니라 믿음도 가져야 한다.

— 아나톨 프랑스(Anatole France, 비평가)

나는 도달할 수 없는 별을 동경한다.

나는 도달할 수 없는 별을 동경한다.

＊

미래는 꿈의 아름다움을 믿는 자의 것이다.

— 엘리너 루즈벨트(Eleanor Roosevelt, 미국 제 32대 대통령 프랭클린 D. 루즈벨트의 부인)

항구에 도착하려면 닻을 내린 채 표류하지 말고 항해해야 한다.

— 프랭클린 D. 루즈벨트(Franklin D. Roosevelt, 미국 32대 대통령)

*

별을 조준하면 하늘에 닿을지도 모른다.

— 라인홀드 니부어(Reinhold Niebuhr, 신학자)

*

별에 한계가 있는 것이 아니라

우리의 목표에 한계가 있는 것이다.

— 아비짓 나스카르(Abhijit Naskar, 작가)

*

당신의 영혼에 별이 숨어 있으니 높이 날아오르라.

— 파멜라 발 스타(Pamela Vaull Starr, 작가)

별을 보면 꿈을 꾼다.

나는 확실히 아는 것은 없지만, 별을 보면 꿈을 꾸게 된다.

*

별은 아름답기만 한 것이 아니라

숲속의 나무처럼 살아 숨 쉰다.

그리고 그들은 나를 지켜보고 있다.

─ 무라카미 하루키(村上春樹, 소설가)

✳

우주는 우리 안에 있다.

우리는 별의 물질로 만들어졌다.

─ 칼 세이건(Carl Sagan, 천문학자)

✳

우리 모두가 같은 소원을 빌어야 한다면

별이 가득한 하늘은 존재하지 않을 것이다.

─ 프랜시스 클락(Frances Clark, 피아니스트)

✳

별은 영원으로 가는 길을 비추는 가로등이다.

─ 미상

✳

별에 소원을 빌 땐 당신이 누구인지는 중요치 않다.

─ 지미니 크리켓(Jiminy Cricket, 애니메이션 <피노키오>에 등장하는 귀뚜라미)

✳

하나님의 손길이 필요할 때 별을 그린다.

종교라는 단어가 절실히 필요할 때면 나는 밖에 나가서 별을 그린다.

＊

사람들이 매일 밤 밖에 나가 앉아 별을 바라본다면
삶이 많이 달라질 것이라 확신한다.

— 빌 와터슨(Bill Watterson, 만화가)

＊

선인장 위에 올라서는 일이 있더라도 별을 향해 손을 뻗어라.

— 수잔 롱가커(Susan Longacre, 작가)

＊

내 영혼이 어둠 속에 잠길지라도, 완벽한 빛으로 떠오를 것이다.
나는 밤을 두려워하지 않을 만큼 별들을 너무도 사랑한다.

— 사라 윌리엄스(Sarah Williams, 성우)

＊

그림은 자연의 손자이다. 그림은 하나님과 관련이 있다.

— 렘브란트(Rembrandt, 화가)

＊

어쩌면 인생이란 눈짓과 윙크하는 별들… 그런 것일지도 모른다.

— 잭 케루악(Jack Kerouac, 시인)

별에 가기 위해 죽음을 타는 것이다.

화가의 삶에서 어쩌면 죽음은 가장 힘든 것이 아닐지 모른다. 나로선 그 점에 대해 아는 것이 전혀 없다. 하지만 별을 볼 때마다, 지도상의 검은 점을 보면 도시와 마을을 연상하듯, 그렇게 단순하게 꿈을 꾸게 된다, 그렇게 자동적으로.

나는 내 자신에게 의문을 던진다, 프랑스 지도 위에 찍힌 검은 점들은 갈 수 있는데 창공에 빛을 발하는 점들에겐 왜 갈 수 없는 것인가라고.

타하스꽁이나 루앙에 가려면 기차를 타야 하는 것처럼 우리는 별에 가기 위해 죽음을 타는 것이다. 이 의문에서 분명한 것은 우리가 살아 있을 땐 별에 갈 수 없지만 일단 죽으면 별로 향하는 기차를 탈 수 있다는 것이다. 따라서 증기선, 마차, 기차가 지상의 이동 수단인 것처럼 콜레라, 결석, 결핵, 암 등은 천상이 제공하는 기차라는 생각이 들기도 한다.

늙어서 평화롭게 죽는다는 것은 걸어서 그곳에 가는 것을 의미한다.

죽음은 끝이 아니다.

죽음은 영원한 것의 시작이다.

― 이스라엘모어 아이보르(Israelmore Ayivor, 작가)

*

우주는 광대하고 신비로운 곳이다.

우리는 이제야 겨우 이해하기 시작했다.

― 스티븐 호킹(Stephen Hawking, 천체 물리학자)

*

별은 우리를 영원한 삶으로 인도하는

하늘의 이정표이다.

― 헨리 반 다이크(Henry Van Dyke, 미국 외교관)

*

우주는 마법으로 가득하지만

그것을 찾는 사람만이 찾을 수 있는 것이다.

― 알버트 아인슈타인(Albert Einstein, 물리학자)

*

별은 하늘의 창이며

별을 통해 우리는 우주의 경이로움을 볼 수 있다.

― 존 뮤어(John Muir, 자연주의 작가)

*

> # 나는 밤이 더 좋다.

나는 밤이 낮보다 더 생동감 있고 더 다채롭다는 생각이 들기도 한다.

*

밤은 스스로 빛을 발하는 세상이다.

— 안토니오 포르치아(Antonio Porchia, 시인)

*

나는 밤이 좋다. 어둠이 없었다면 별을 볼 수 없을 테니까.

— 스테파니 마이어(Stephenie Meyer, 소설가)

*

하늘은 점점 더 어두워져

파란색 위에 파란색을 한 번씩 덧칠하며

밤의 더 깊고 깊은 색조로 빠져들었다.

— 무라카미 하루키(村上春樹, 소설가)

*

밤은 생각의 어머니이다.

— 존 플로리오(John Florio, 시인/언어학자)

*

어둠 속에는 발견이 있고, 가능성이 있고, 자유가 있다.

— 바이런 케이티(Byron Katie, 자기계발 저술가)

별이 빛나는 하늘을 그리고 싶다.

난 지금 별이 빛나는 하늘을 그리고 싶은 마음이 간절하다. 밤이 낮보다 훨씬 더 풍부한 색감을 표현하는 것 같다. 밤은 아주 강렬한 보라색, 파란색, 초록색의 색조를 띠고 있다. 밤하늘을 주의 깊게 올려다보면, 어떤 별은 레몬색, 어떤 별은 분홍색, 초록색이나 파란색, 어떤 별은 화려한 물망초 색을 띠고 있다. 이 주제에 대해 길게 설명하지 않겠지만, 파란색-검은색 배경에 하얀 점들을 찍는 것만으로는 별이 빛나는 하늘을 그릴 수 없다는 생각이 든다.

*

별은 어둠이 없으면 빛날 수 없다.

— 미상

*

예술가가 되려면 먼저 몽상가가 되어야 한다.

—아인 랜드(Ayn Rand, 소설가)

우리 모두는 시궁창에 빠져 있지만

그래도 우리 중에는 별을 바라보는 사람들이 있다.

– 오스카 와일드(Oscar Wilde, 시인)

*

우리 모두가 같은 소원을 빌어야 한다면

별이 가득한 하늘은 존재하지 않을 것이다.

– 프랜시스 클락(Frances Clark, 피아니스트)

*

별을 쳐다보라. 그것들의 아름다움을 확인하라.

그리고 그 아름다움 속에서 자신을 보라.

– 드라야 무니(Draya Mooney, 작가)

〈구름 낀 하늘 아래의 밀밭〉(1890년 7월)

별이 빛나는 하늘을 언제쯤 그릴 수 있을까?

내 마음속에 항상 자리 잡고 있는 별이 빛나는 하늘을 언제쯤 그릴 수 있을까?

*

별을 올려다보면 자신이 광활한 우주에서

아주 작은 점에 불과하다는 사실을 깨닫게 된다.

하지만 그렇다고 해서 변화를 만들 수 없다는 뜻은 아니다.

— 스티븐 호킹(Stephen Hawking, 천체 물리학자)

*

별을 올려다보며 자신이 무엇이 될 수 있을지 상상해 보라.

— 토마스 에디슨(Thomas Edison, 발명가)

*

별은 영감과 희망의 원천이다.

— 마야 안젤루(Maya Angelou, 시인)

*

완벽한 순간을 기다리지 말고 지금 이 순간을 완벽하게 만들라.

— 퍼시 슬레지(Percy Sledge, 가수)

*

우주는 별들의 언어를 통해 우리에게 말을 건넨다.

– 닐 드그래스 타이슨(Neil deGrasse Tyson, 천체물리학자)

눈 덮인 마당을 그리고 싶다.

네가 자주 나에게 파리의 모습을 설명해 주었지만 이번엔 내가 창문 밖의 눈 덮인 마당을 그려주고 싶다. 거기에다 집안 한 구석의 장면도 살짝 곁들였는데, 둘 다 같은 겨울날의 인상이다. 우리는 모든 면에서 시(詩)로 둘러싸여 있지만, 그것을 종이에 옮기는 것은 안타깝게도 보는 것만큼 쉽게 되지 않다.

*

그림은 느껴지는 것이 아니라 보이는 시이고
시는 보이는 것이 아니라 느껴지는 그림이다.

– 레오나르도 다빈치(Leonardo da Vinci, 화가/조각가/발명가)

*

예술가의 임무는 항상 미스터리를 심화시키는 것이다.

– 프랜시스 베이컨(Francis Bacon, 철학자)

*

자연에선 아무 것도 완벽하지 않으면서 모든 것이 완벽하다.

— 앨리스 워커(Alice Walker, 작가)

*

그림은 말 없는 시이다.

— 호라티우스(Horace, 고대 로마시대 시인)

*

타인의 마음은 자신의 마음과 아무리 가까워도

언제나 어두운 숲이다.

— 윌라 캐더(Willa Cather, 소설가)

꽃은 태초부터 함께해 왔다.

꽃과 소나무, 담쟁이덩굴, 산사나무 울타리의 푸른 잎을 사랑하는 것은 얼마나 옳은 일인가. 그것들은 태초부터 우리와 함께 해왔다.

*

정원은 눈의 즐거움이자 영혼의 안식처이다.

— 사디(Sadi, 페르시아 시인)

내일의 꽃은 오늘의 씨앗에 있다.

― 마쇼나 딜리와요(Matshona Dhliwayo, 철학자)

*

모든 꽃은 자연 속에서 피어나는 영혼이다.

― 제라르 드 네르발(Gerard De Nerval, 작가)

*

모든 꽃은 자신만의 시간에 핀다.

― 켄 페티(Ken Petti, 작가)

*

꽃은 신이 만든 가장 달콤한 것이지만

영혼을 불어넣는 것을 잊어버린 것이다.

― 헨리 워드 비처(Henry Ward Beecher, 성직자)

극단의 황폐함에서 하나님을 생각한다.

절망과 외로움, 궁핍과 비극의 극치를 보여주는 형언할 수 없는 황폐함의 모습을 볼 때마다, 왠지 모르게 하나님의 생각이 떠오르는 게 신기하기만 하다.

밤이 어두울수록, 별이 밝을수록, 슬픔이 깊을수록

하나님은 더 가까이 계신다!

— 표도르 도스토옙스키(Fyodor Dostoevsky, 소설가)

*

우리는 고통을 포용하고

그것을 여정의 연료로 삼아야 하는 것이다.

— 미야자와 켄지(宮沢賢治, 소설가/시인)

*

내면에 말하지 못한 이야기를 품는 것보다

더 큰 고통은 없다.

— 마야 안젤루(Maya Angelou, 시인)

*

우리는 모두 깨져 있다.

그래서 그 사이로 빛이 들어오는 것이다.

— 어니스트 헤밍웨이(Ernest Hemingway, 소설가)

*

눈에 눈물이 고이지 않는다면 우리의 영혼은

무지개의 아름다움을 보지 못할 것이다.

— 존 밴스 체니(John Vance Cheney, 시인)

*

자연이 곧 아름다움이다.

자연을 사랑하면 어디서든 아름다움을 발견한다.

＊

자연은 언제나 영혼의 색을 입는다.

— 랄프 왈도 에머슨(Ralph Waldo Emerson, 사상가)

＊

자연 속을 걷는 것은 천 가지 기적을 목격하는 것이다.

— 메리 데이비스(Mary Davis, 작가)

＊

자연의 손길 한 번이면 온 세상이 친척이 된다.

— 윌리엄 셰익스피어(William Shakespeare, 극작가)

＊

자연은 신의 예술이다.

— 단테 알리기에리(Dante Alighieri)

＊

자연은 항상 가장 단순한 방식으로 행동하는 경향이 있다.

— 다니엘 베르누이(Daniel Bernoulli, 수학자)

지구도 별처럼 빛난다.

지구는 멀리서 보면 별처럼 빛난다.

*

자연은 때와 계절에 따라 저마다의 아름다움을 선사한다.

– 찰스 디킨스(Charles Dickens, 소설가)

*

자연은 단순함을 좋아한다. 그리고 자연은 바보가 아니다.

– 아이작 뉴턴(Isaac Newton, 물리학자)

*

우리는 밤하늘의 별처럼 서로 떨어져 있지만

우리는 모두 같은 우주의 일부이다.

– 파울로 코엘료(Paulo Coelho, 소설가)

*

우리는 우주의 일부이다.

우리는 그것과 연결되어 있으며, 그것으로부터 영감을 얻는다.

– 알버트 아인슈타인(Albert Einstein, 물리학자)

*

우주에서 바라본 지구는 보석처럼 아름답다.

– 유리 가가린(Yuri Gagarin, 우주비행사)

아침은 아름답다.

이른 아침의 자연보다 더 아름다운 것은 없다.

＊

맑은 날 그늘에 앉아 푸른 초목을 바라보는 것은

가장 완벽한 휴식이다.

– 제인 오스틴(Jane Austen, 소설가)

＊

자연은 설교보다 더 많은 것을 가르쳐 준다. 돌에는 설교가 없다.

돌에서 도덕적 교훈을 얻는 것보다 불꽃을 얻는 것이 더 쉽다.

– 존 버로스(John Burroughs, 동식물 연구가/수필가)

＊

자연은 눈에 보이는 모든 것뿐만 아니라 영혼의 내면도 포함한다.

– 에드바르 뭉크(Edvard Munch, 화가)

나는 가장 작은 곤충부터 가장 넓은 산맥에 이르기까지
자연의 모든 창조물에서 아름다움을 발견한다.

– 에드워드 오즈번 윌슨(E. O. Wilson, 생물학자)

＊

아침의 첫 시간은
하루의 나머지 시간을 합친 만큼의 가치가 있다.

– 찰스 벅스턴(Charles Buxton, 양조업자/자선사업가/정치인)

〈폭풍우 치는 하늘 아래 풍경〉(1888년 5월)

자신만의 색으로 자연을 표현하라.

자연을 충실히 표현하려다 보면 까닭 없이 마음에 부담을 갖는 것으로 시작하지만 긴장을 풀고 조용히 홀로 자신만의 색으로 그림 그리는 일을 끝내면, 그 결과로 자연이 나타나게 되는 것이다.

*

자연은 모든 영감의 원천이다.

— 알렉산더 폰 훔볼트(Alexander von Humbold, 지리학자)

*

우리가 세상에서 보는 모든 것은

보이지 않는 본질 위에 덧입혀진 보이는 옷일 뿐이다.

— 윌리엄 블레이크(William Blake, 화가)

*

손과 머리와 가슴으로 작업하는 사람은 예술가다.

— 아시시의 프란치스코(Francis of Assisi, 프란치스코회의 창설자)

*

연필로 그릴 수 없을 때는 항상 눈으로 그림을 그려야 한다.

— 발튀스(Balthus, 화가)

자연은 예술가에게 가장 영원하고 보편적인 창조적 힘이다.

– 윈슬로우 호머(Winslow Homer, 화가)

별을 보면서 인생이 동화 같음을 느낀다.

별과 하늘의 무한함을 느낄 수 있다. 모든 것에도 불구하고 인생은 동화 같은 것이니까.

*

우주는 우리의 지혜가 더 날카로워지기를
참을성 있게 기다리는 마법 같은 것들로 가득 차 있다.

– 에덴 필포츠(Eden Phillpotts, 시인/극작가)

*

당신의 발밑이 아닌 별을 올려다보라.

– 스티븐 호킹(Stephen Hawking, 천체물리학자)

*

별 하나하나가 당신 내면의 진실을 비추는 거울이다.

– 아버자니(Aberjhani, 역사학자)

당신의 영혼에 별이 숨겨져 있으니 높이 날아오르라.

모든 꿈은 목표보다 앞서 나타나는 법이니,

깊은 꿈을 꾸어라.

— 파멜라 바울 스타(Pamela Vaull Starr, 작가)

*

다른 사람의 제한된 상상력 때문에 자신을 제한하지 말고,

자신의 제한된 상상력 때문에 다른 사람을 제한하지 말라.

— 매 제미슨(Mae Jemison, 우주비행사/의사)

하나님은 내 옆에 계신다.

웅장한 무언가, 무한한 무언가, 신을 인식하게 하는 무언가가 필요하다면,

그것을 찾기 위해 멀리 갈 필요가 없다.

*

신은 어떤 것을 더함으로써 영혼에서 발견되는 것이 아니라

빼는 과정을 통해 발견된다.

— 마이스터 에크하르트(Meister Eckhart, 로마 가톨릭 신비사상가)

방에서 나갈 필요는 없다. 테이블에 앉아서 듣기만 하면 된다.

구태여 들으려고도 하지 말고,

조용히 차분하게 고독하게 기다리기만 하면 된다.

그러면 세상은 선택의 여지가 없기 때문에

가면을 벗고 자유롭게 당신에게 자신을 드러내고

황홀경에 빠져 당신의 발밑으로 굴러들어올 것이다.

– 프란츠 카프카(Franz Kafka, 소설가)

*

영혼은 항상 스스로를 치유하기 위해

무엇을 해야 하는지 알고 있다.

문제는 마음을 침묵시키는 것이다.

– 캐롤라인 미스(Caroline Myss, 작가)

*

경이로운 것은 우리가 이 나무들을 보고도

더 많은 것을 궁금해하지 않는다는 것이다.

– 랄프 왈도 에머슨(Ralph Waldo Emerson, 사상가)

*

하나님에게 더 가까이 다가갈수록 그만큼 더 단순해진다.

– 테레사 데 헤수스(Teresa de Jesús, 중세 갈멜 수도회 성녀)

*

난 요즘 마을 풍경을 그린다.

요즘 나는 매우 열심히 빠르게 작업하고 있는데, 이런 방식으로 현대 생활에서 필사적으로 빠르게 지나가는 일들을 표현하려고 노력한다. 어제 비가 내리는 가운데, 난 높은 곳에 올라 시야에 들어오는 다양하게 푸른 넓은 들판을 그렸다. 짙은 녹색의 감자밭, 규칙적인 식물 고랑 사이의 진한 보라색 흙, 한쪽에는 꽃이 핀 하얀 완두콩밭이고 다른 쪽에는 분홍색 꽃이 핀 클로버밭이 펼쳐지고 작은 잔디깎이 기계가 놓여있는 벌판, 키 큰 황금갈색 풀이 무성한 초원, 밀밭과 키 큰 포플러 나무, 그리고 저 멀리 푸른 언덕이 끝없이 이어져 있고, 기차가 그 기슭을 지나가면서 푸르른 녹색 풍경에 하얀 연기를 길게 남긴다. 캔버스에는 하얀 도로가 가로지르고, 작은 마차와 밝은 빨간색 지붕의 하얀 집들이 도로를 따라 늘어서 있다. 가랑비가 내리면 화면 전체에 파란색 또는 회색 줄무늬가 더해진다.

*

자연은 예술가에게 시각적인 시를
끝없이 제공하는 원천이다.

— 안셀 아담스(Ansel Adams, 사진작가)

*

예술은 자연에 대한 해석이다.

– 존 콘스터블(John Constable, 화가)

✳

예술은 자연의 장엄함을 반영하는 것이다.

– 존 러스킨(John Ruskin, 예술 평론가)

✳

예술은 자연계에서

신성(神性)을 드러내는 것이다.

– 랄프 왈도 에머슨(Ralph Waldo Emerson, 사상가)

✳

자연은 창조적 정신을 위한 진정한 캔버스이다.

– 헨리 데이비드 소로(Henry David Thoreau, 철학자)

해바라기는 내 꽃이다.

이 그림은 보면 볼수록 다르게 보이고 흥미롭다. 고갱은 이 그림을 정말 좋아한다. 그는 나에게 "당신에겐 바로 저 꽃입니다"라고 말했다. 자닌(Georges

Jeannin)은 모란을, 쿠오스트(Marie Bracquemond Quost)는 접시꽃을 그리는 것으로 유명하지만 해바라기는 바로 나에게 가장 잘 어울린다는 것이었다.

*

해바라기밭은 천 개의 태양이 있는 하늘과 같다.

– 조안 월시 앵글런드(Joan Walsh Anglund, 시인)

*

작품은 영혼에 불을 품고 구상되어야 하지만

실행은 냉철함을 가지고 해야 한다.

– 호안 미로(Joan Miró, 화가)

*

원예의 영광 : 손은 흙에, 머리는 햇볕에, 마음은 자연과 함께.

정원을 가꾸는 것은 육체뿐만 아니라 영혼을 먹이는 일이다.

– 알프레드 오스틴(Alfred Austin, 시인)

*

창가에 핀 나팔꽃은 그 어떤 철학보다 나를 더 만족시킨다.

– 월트 휘트먼(Walt Whitman, 시인)

*

나는 아마도 꽃 덕분에 화가가 된 것 같다.

– 클로드 모네(Claude Monet, 화가)

성취

나는 지루하게
살다가 죽기보다는
열정적으로 일하다
죽으련다.

내 그림의 가치를 알아주는 날이 올 것이다.

내 그림이 팔리지 않는다는 사실을 부인할 수 없다. 하지만 언젠가 사람들이 내 그림의 가치가 그 그림을 그리는 데 사용한 물감의 가치보다 더 나간다는 사실을 인정할 날이 오리라 믿는다.

＊

예술가는 그의 노동에 대해 보수를 받는 것이 아니라

그의 비전에 대해 보수를 받는다.

— 제임스 휘슬러(James Whistler, 화가)

＊

예술의 진정한 목적은

첫째, 예술가 자신의 영적 본성을 수양하는 것이다.

— 조지 이네스(George Inness, 화가)

＊

나는 보헤미안적인 삶이 나와 맞지 않는다는 걸 깨달았다.

굶주린 예술가처럼 살아가는 친구들을 둘러보며

"예술은 어디로 갔을까?"라는 의문이 들었다.

— P. J. 오루크(P. J. O'Rourke, 작가)

예술은 영혼에서 일상의 먼지를 씻어낸다.

— 파블로 피카소(Pablo Picasso, 화가)

*

나는 흔히 말하는 배고픈 예술가이다.

— 셰릴 스트레이드(Cheryl Strayed, 작가)

"난 할 수 없어"라는 생각은 행동하면 사라진다.

내면에서 "너는 그림을 그릴 수 없다"라는 목소리가 들리면, 반드시 그림을 그려라. 그러면 그 목소리가 사라질 것이다.

*

장애물이 있을 것이다. 의심하는 사람들이 있을 것이다.
실수도 있을 것이다. 하지만 노력하면 한계는 없다.

— 마이클 펠프스(Michael Phelps, 수영선수)

*

성공의 비결은 평범한 일을 이례적으로 잘 해내는 것이다.

— 존 D. 록펠러 주니어(John D. Rockefeller Jr., 사업가)

행동은 말보다 더 큰 힘을 발휘한다.

— 에이브러햄 링컨(Abraham Lincoln, 미국 제16대 대통령)

＊

행동과 연결되지 않은 아이디어는

그 아이디어가 차지한 뇌세포보다 더 커질 수 없다.

— 아놀드 H. 글래소(Arnold H. Glasow, 저술가)

＊

작은 일을 하면서도 큰일을 생각해야

모든 작은 일이 올바른 방향으로 나아갈 수 있다.

— 앨빈 토플러(Alvin Toffler, 미래학자)

〈올리브 따기〉(1889년 12월)

역경을 딛고 다시 그림을 그릴 것이다.

모든 역경에도 불구하고 나는 다시 일어설 것이다. 나는 큰 낙담 속에 버렸던 연필을 다시 틀어쥐고, 그림을 계속할 것이다.

*

인생은 매우 흥미롭다.

결국에는 가장 큰 고통이 가장 큰 강점이 되기도 한다.

— 드류 베리모어(Drew Barrymore, 영화배우)

*

세상의 그 어떤 것도 끈기를 대신할 수 없다.

재능은 아니다.

재능이 있어도 성공하지 못하는 사람은 널리고 널렸다.

천재성도 아니다.

결실을 맺지 못하는 천재라는 말은 거의 속담에 가깝다.

교육도 아니다.

세상에는 교육을 받았지만 버려진 자들로 가득하다.

끈기와 결단력만이 전부다.

— 캘빈 쿨리지(Calvin Coolidge, 미국 30대 대통령)

용기가 항상 포효하는 것은 아니다.

용기는 하루를 마무리하며 조용한 목소리로

"내일 다시 해보자"라고 말하는 것일 수도 있는 것이다.

― 메리 앤 래드마커(Mary Anne Radmacher, 작가)

✳

빠르지 않게 나아가도, 멈추지 않으면 도착한다.

― 공자(孔子, 사상가)

✳

실패는 더 현명하게 다시 시작할 수 있는 기회이다.

― 헨리 포드(Henry Ford, Ford 자동차 설립자)

혼자서 불을 피운다.

마음속에는 타오르는 난로가 있지만 아무도 그 옆에 앉으러 다가오지 않는다. 지나가는 행인들은 굴뚝에서 피어오르는 한 줄기 연기만 보고 그냥 지나쳐 버린다.

✳

세상에서 가장 강한 사람은

누구보다 홀로 서 있는 사람이다.

— 헨릭 입센(Henrik Ibsen, 극작가)

*

언어는… '외로움'이라는 단어를 만들어

혼자 있는 고통을 표현하고, '고독'이라는 단어를 만들어

혼자 있는 영광을 표현했다.

— 폴 틸리히(Paul Tillich, 신학자)

*

아름다움을 보는 영혼은 때때로 혼자 걸을 수도 있다.

— 요한 볼프강 폰 괴테(Johann Wolfgang von Goethe, 작가/철학자)

*

혼자 있는 것이 얼마나 외롭지 않을 수 있는지

마침내 발견하게 되어 정말 기쁘다.

— 엘렌 버스틴(Ellen Burstyn, 영화배우)

*

혼자 있을 때의 가장 좋은 점은

누구에게도 대답할 필요가 없다는 것이다.

그저 하고 싶은 대로 하면 되는 것이다.

— 저스틴 팀버레이크(Justin Timberlake, 가수)

나는 내 작품에 혼신을 다한다.

나는 작품에 내 마음과 정신을 다 쏟아 넣고 있다. 그러다보니 정신이 고갈되어 간다.

*

무슨 일을 하든지 최선을 다하라.

— 키케로(Cicero, 고대 로마 정치인)

*

열정을 가지고 일할 생각이 아니라면 아예 뛰어들지 말라.

— 로사 누셰트 캐리(Rosa Nouchette Carey, 아동문학가)

*

열정이 최우선이고 전략은 그다음이다.

— 로빈 샤르마(Robin Sharma, 저술가)

*

꿈은 마술로 현실이 되는 것이 아니라
땀과 결단력, 노력이 필요하다.

— 콜린 파월(Colin Powell, 미국 국무장관)

*

〈눈 속에서 나무를 채집하는 사람들〉(1884년 9월)

열정은 위대함의 엔진에 연료를 공급하는 불이다.

― 윌프레드 피터슨(Wilfred Peterson, 자기계발 저술가)

그림을 그릴 수 없다는 생각이 들면
무조건 그리기 시작하라.

텅빈 캔버스가 화가를 멍청이를 마주하듯이 쳐다본다는 느낌이 들 때는 무
조건 캔버스 위에 아무것이라도 그려보는 거다. 화가에게 "넌 아무것도 할
수 없어"라고 조롱하는 빈 캔버스를 바라보는 것만으로도 온몸이 마비된
다. 빈 캔버스는 얼빠진 시선으로 화가를 사로잡아 스스로 바보가 되게 한

다. 많은 화가들이 빈 캔버스 앞에 서길 두려워하지만, 빈 캔버스는 "넌 안 돼"라는 주문을 단번에 깨버리는 진짜, 열정적인 화가를 두려워한다.

✳

창의성은 소진되지 않는다.

사용하면 할수록 그만큼 더 많이 생성되기 때문이다.

— 마야 안젤루(Maya Angelou, 시인/배우)

✳

창의적인 삶을 살기 위해서는

틀릴지도 모른다는 두려움을 떨쳐 버려야 한다.

— 조셉 칠튼 피어스(Joseph Chilton Pearce, 저술가)

✳

영감이 떠오르길 기다릴 순 없다. 몽둥이를 들고 쫓아가야 한다.

— 잭 런던(Jack London, 소설가)

✳

완벽을 두려워하지 말라. 어차피 완벽엔 도달할 수 없을 테니까.

— 살바도르 달리(Salvador Dali, 화가)

✳

예술가의 역할은 질문에 답하는 것이 아니라

질문을 던지는 것이다.

— 안톤 체호프(Anton Chekhov, 소설가)

실패는 피할 수 없다.

나 자신의 오류 가능성을 알고 있어도 실패를 피할 수는 없다. 넘어지면 다시 일어날 뿐이다.

*

인생에서 저지를 수 있는 가장 큰 실수는
실수를 할까 봐 계속 두려워하는 것이다.

– 엘버트 허버드(Elbert Hubbard, 저술가)

*

실패는 성공에 맛을 더해주는 양념이다.

– 트루먼 카포티(Truman Capote, 소설가)

*

실패는 성공의 반대가 아니라 성공의 일부이다.

– 아리아나 허핑턴(Arianna Huffington, 칼럼니스트)

*

성공은 약점을 없애는 것이 아니라
강점을 개발함으로써 이루어진다.

– 마릴린 보스 사반트(Marilyn vos Savant, 칼럼니스트)

성공을 축하하는 것도 좋지만

실패에서 얻은 교훈에 귀를 기울이는 것이 더 중요하다.

— 빌 게이츠(Bill Gates, Microsoft 창업자)

용기를 낼 수 없다면 죽는 수밖에 없다.

무엇이라도 시도할 용기가 없다면 인생이 어떻게 되겠는가?

*

위험을 감수할 만큼 용기가 없는 사람은

인생에서 아무것도 성취하지 못한다.

— 무하마드 알리(Muhammad Ali, 복싱 선수)

*

행운은 용감한 자를 좋아한다.

— 베르길리우스(Virgil, 고대 로마 시인)

*

용기는 죽을 만큼 겁이 나더라도 어쨌든 용기를 내는 것이다.

— 존 웨인(John Wayne, 영화배우)

용기를 낸다는 것은 잠시 발을 헛디디는 것이고
용기를 내지 않는 것은 자신을 잃는 것이다.

— 쇠렌 키에르케고르(Søren Kierkegaard, 철학자)

*

용기는 두려운 일을 하는 것이다.
두렵지 않다면 용기가 있을 수 없다.

— 에디 리켄백커(Eddie Rickenbacker, 전투기 조종사)

하나님의 도우심으로 마침내 성공할 것이다.

나는 아직 내가 원하는 모습과는 거리가 멀지만 하나님의 도움으로 성공할
것이다.

*

달을 조준하라.
빗나가면 별이라도 맞힐 수 있다.

— W. 클레멘트 스톤(W. Clement Stone, 사업가)

*

예수께서 저희를 보시며 가라사대

사람으로는 할 수 없으되

하나님으로서는 다 할 수 있느니라.

– 마태복음 19장 26절

＊

자신과 자신의 모든 것을 믿으라.

내 안에 그 어떤 장애물보다

더 위대한 무언가가 있다는 것을 알아라.

– 크리스천 D. 라슨(Christian D. Larson, 신사상 사상가)

＊

하나님, 제가 바꿀 수 없는 것들을 받아들일 평온함을

제가 바꿀 수 있는 것들을 변화시킬 용기를

그리고 그 차이를 아는 지혜를 허락하소서.

– 라인홀드 니부어(Reinhold Niebuhr, 신학자)

＊

비전이 없는 곳에는 희망도 없다.

– 조지 워싱턴 카버(George Washington Carver, 식물학자)

＊

낙심하지 말자.

때로 일이 매우 힘들더라도 낙담하지 말자. 모든 것이 잘 풀릴 것이다. 처음부터 원하는 것을 정확히 할 수 있는 사람은 아무도 없다.

*

꿈이 있다면 절대 놓지 말고 붙잡아야 한다.

— 캐롤 버넷(Carol Burnett, 영화배우)

*

할 때까지는 항상 불가능해 보이는 법이다.

— 넬슨 만델라(Nelson Mandela, 남아프리카 공화국 전(前) 대통령)

*

인내란 긴 레이스가 아니라

수많은 짧은 레이스가 연달아 이어지는 것이다.

— 월터 엘리엇(Walter Elliot, 영국 고위 공무원/동양학자/언어학자)

*

당신이 진정으로 하고 싶어 하는 일은 절대 포기하지 마라.

큰 꿈을 가진 사람이 모든 사실을 아는 사람보다 더 힘이 있다.

— 알버트 아인슈타인(Albert Einstein, 물리학자)

끈기는 실패를 놀라운 성취로 바꿀 수 있다.

— 매트 비온디(Matt Biondi, 수영선수)

위대한 일은 작은 것들이 모여서 이루어진다.

어부들은 바다가 위험하고 폭풍이 끔찍하다는 것을 알고 있지만, 이러한 위험이 육지에 머물러야 할 충분한 이유는 되지 못한다. 나는 탐구하고, 애를 쓰며, 온 마음을 다해 내 일에 매달려 있다. 위대한 일은 충동에 의해서가 아니라 작은 일들이 모여서 이루어지는 것이다.

*

우리에게 일어난 일들과 앞으로 일어날 일들은
우리 안에 있는 힘과 잠재력에 비하면 아무것도 아니다.

— 랄프 왈도 에머슨(Ralph Waldo Emerson, 사상가)

*

불가능한 것을 성취하는 유일한 방법은
그것이 가능하다고 믿는 것뿐이다.

— 루이스 캐롤(Lewis Carroll)의 《이상한 나라의 앨리스(Alice in Wonderland)》에서

성공은 작은 것에 대한
지속적인 노력과 관심을 바탕으로 이루어진다.

– 미상

*

한 걸음 한 걸음 걷다 보면 일이 끝난다.

– 찰스 아틀라스(Charles Atlas, 보디빌더)

*

중요한 것은 수백 가지의 작은 것들이다.

– 클리프 쇼(Cliff Shaw, 인공지능 전문가)

〈프로방스에서의 수확〉(1888년 6월)

나는 나 자신에게 진실할 뿐이다.

다른 사람들이 나를 인정하든 말든 나는 오직 나 자신에 충실하려 노력할 뿐이다.

＊

자신이 아닌 것으로 사랑받는 것보다는
있는 그대로의 모습으로 미움을 받는 것이 더 낫다.

― 앙드레 지드(André Gide, 소설가)

＊

불완전함이 아름다움이고, 광기가 천재이며,
절대적으로 지루한 것보다는
절대적으로 우스꽝스러운 것이 낫다.

― 마릴린 먼로(Marilyn Monroe, 영화배우)

＊

남의 환심을 사려 당신 본연의 모습을 바꾸지 말라.
당신은 당신에게 있어서 가장 중요한 자산이다.

― 재니스 조플린(Janis Joplin, 싱어송라이터)

＊

항상 자신의 최고 버전이 되어야지
다른 사람의 이류 버전이 되어서는 안 된다.

– 주디 갈런드(Judy Garland, 영화배우/가수)

*

나는 다른 사람의 칭찬이나 비난에
전혀 신경 쓰지 않는다.
그저 나 자신의 감정을 따를 뿐이다.

– 볼프강 아마데우스 모차르트(Wolfgang Amadeus Mozart, 작곡가)

할 수 없는 것을 해야 배울 수 있다.

나는 내가 아직 할 수 없는 것을 하려 최선을 다한다. 그래야 그걸 할 방법
을 배울 수 있으니까.

*

당신이 두려워하는 일을 하루에 하나씩 실행하라.

– 엘리너 루스벨트(Eleanor Roosevelt, 미국 제32대 대통령인 프랭클린 D. 루스벨트의 부인)

*

가능성의 한계를 발견하는 유일한 방법은
한계를 뛰어넘어 불가능을 향해 뛰어드는 것이다.

ー 아서 C. 클라크(Arthur C. Clarke, SF 소설가)

＊

인생은 원래 위험하다.
어떤 대가를 치르더라도 피해야 할 큰 위험은
단 한 가지, 바로 아무것도 하지 않는 것이다.

ー 데니스 웨이틀리(Denis Waitley, 동기부여 저술가)

＊

위험을 감수할 의지가 없다면
평범한 것에 만족해야 한다.

ー 짐 론(Jim Rohn, 동기부여 저술가)

＊

새로운 프로그래밍 언어를 배우는 유일한 방법은
그 언어로 프로그램을 작성하는 것뿐이다.

ー 데니스 리치(Dennis Ritchie, 컴퓨터 과학자)

＊

일단 시작하자.

시작은 무엇보다도 어렵지만, 마음을 다잡으면 모든 것이 잘될 것이다.

*

모든 영광은 대담한 시작에서 비롯된다.

― 유진 F. 웨어(Eugene F. Ware, 작가/변호사)

*

당신이 원하는 모든 것은 두려움의 반대편에 있다.

― 조지 애더어(George Addair, 사업가)

*

시작은 언제나 오늘이다.

― 메리 울스턴크래프트 셸리(Mary Wollstonecraft Shelley, 소설가)

*

행동하면 변화가 일어난다는 마음으로 행동하면 정말 그렇게 된다.

― 윌리엄 제임스(William James, 철학자)

*

행동을 위한 위대한 계획보다는 작은 행동이 더 낫다.

― 피터 마샬(Peter Marshall, 방송인)

나의 천직을 찾았으니 난 이미 부자다.

내 생각에 나는 돈이 아니라(항상 그런 것은 아니지만) 내 마음과 영혼을 바칠 수 있고 내 삶에 영감과 의미를 주는 나의 천직을 찾았기에 부자가 된 것 같다.

✳

일에 대한 즐거움이 일의 완벽함을 가져온다.

아리스토텔레스(Aristotle, 고대 그리스 철학자)

✳

살아 있는 것과 진정으로 살아가는 것에는 차이가 있다.

하나는 단순하게 존재하는 것이고

다른 하나는 삶에 완전히 열정적으로

몰입하는 것이다.

– 데바시시 므리다(Debasish Mridha, 작가)

✳

삶의 사명을 찾은 사람은 삶에 집중하며

자신의 시간과 세월을 어떻게 써야 할지 안다.

– 토마스 칼라일(Thomas Carlyle, 역사학자)

✳

열정이 없다면 당신은 살아 있는 존재가 아니다.

— 엘리 위젤(Elie Wiesel, 작가)

*

지루함을 느끼는 습관보다 무서운 것은 없다.
이 느낌은 모든 재앙의 모태가 된다.

— 샤를 보들레르(Charles Baudelaire, 시인)

내 작품 활동을 위해 고립이 필요하다.

나는 온 힘을 다해 고군분투하고 있고, 이번 투쟁에서 이긴다면 마치 번개를 빨아들여 분산시키는 피뢰침처럼 이 병을 효과적으로 관리하게 될 거라고 스스로에게 이야기한다. 나는 스스로를 조심스럽게 고립시켜서 매우 신중하게 자신을 돌보고 있다. 불행한 동료들과 친해지기보다는 그들을 보러 가지 않는 것이 이기적으로 비쳐질 수 있겠지만, 어쨌든 나는 그것 때문에 더 나빠지지는 않고 있다. 왜냐하면 내 작업이 진행되고 있고, 우리에게 그렇게 하는 것이 더 필요하기 때문이다. 나는 만족스럽지 않았던 이전보다 반드시 더 잘 해내야 하기 때문이다.

나는 청년기에는 고통스러웠지만
성숙기에는 맛있는 고독 속에서 살고 있다.

— 알버트 아인슈타인(Albert Einstein, 물리학자)

*

혼자 있을 수 있는 능력은
사랑할 수 있는 능력이다.

— 웨인 다이어(Wayne Dyer, 동기부여 저술가)

*

고독을 통해 마음은 힘을 얻고
깊은 영혼으로 들어간다.

— 마하트마 간디(Mahatma Gandhi, 인도의 정치인)

*

고독은 혼돈을 쉬게 하고
내면의 평화를 일깨우는 곳이다.

— 니키 로우(Nikki Rowe, 작가)

*

고독은 천재가 자랄 수 있는 토양이다.

— 토마스 만(Thomas Mann, 소설가)

*

휴식이 필요하다.

좋은 일을 해내려면 잘 먹고, 좋은 곳에서 생활하고, 가끔 휴식을 취하고, 담배를 피우고, 커피를 여유롭게 마셔야 한다.

＊

일만 하고 놀지 않으면 멍청이가 된다.

— 제임스 하웰(James Howell , 작가/역사학자)

＊

좋은 음식, 좋은 와인, 좋은 친구

그것이 인생의 전부이다.

— 줄리아 차일드(Julia Child, 요리연구가)

＊

즐기면서 낭비한 시간은 낭비한 시간이 아니다.

— 마르테 트롤리-쿠르탱(Marthe Troly-Curtin, 소설가)

＊

건강한 정신은 건강한 신체에 깃든다.

— 유베날리스(Juvenal, 고대 로마 시인)

＊

독서는 유익하다.

독서를 많이 하는 편은 아니지만 나는 우연히 알게 된 두서너 명의 작가들의 책을 읽는다. 내가 그들의 작품을 읽는 이유는 그들이 나보다 더 넓고, 부드럽고, 애정 어린 시각으로 사물을 바라보기 때문이고, 그들이 삶을 더 잘알고 있어서 내가 그들로부터 배울 수 있기 때문이다.

*

우리가 책을 읽는 것은

우리는 혼자가 아니라는 것을 알기 위해서이다.

― C.S. 루이스(C.S. Lewis, 소설가)

*

책은 거대한 시간의 바다에 세워진 등대이다.

― 에드윈 퍼시 휘플(Edwin Percy Whipple, 수필가)

*

우리가 누구인지 알려지게 하는 것은

우리의 능력보다는 우리의 선택에 의해서인 경우가 더 많다.

― J.K. 롤링(J.K. Rowling, 소설가)

*

책은 한 마음에서 다른 마음으로

빠르게 꽃가루를 옮기는 꿀벌이다.

— 제임스 러셀 로웰(James Russell Lowell, 시인)

*

책은 거울과 같아서 내 안에 이미 있는 것만 볼 수 있다.

— 카를로스 루이스 자폰(Carlos Ruiz Zafón, 소설가)

〈밀밭의 농부〉(1889년 10월)

> ## 읽는 법을 배워야 한다.

셰익스피어만큼 신비로운 사람이 또 있을까? 그의 언어와 화법은 흥분과 황홀경에 떨리는 붓과도 같다. 하지만 사람은 보는 법과 사는 법을 배워야 하는 것처럼 읽는 법도 배워야 하는 것이다.

*

더 많이 읽을수록 더 많은 것을 알게 된다.
더 많이 배울수록 더 많은 곳에 갈 수 있는 것이다.

— 닥터 수스(Dr. Seuss, 아동 작가)

*

책은 친구와 선생이 될 수 있다.
그들은 우리에게 지식과 즐거움을 선사하며
삶의 힘든 순간에도 위로와 격려를 줄 수 있다.

— 조앤 롤링(J.K. Rowling, 소설가)

*

책 읽는 사람은 죽기 전에 천 번의 삶을 산다.
책을 읽지 않는 사람은 단 한 번만 산다.

— 조지 R.R. 마틴(George R.R. Martin, 소설가)

책은 우리의 상상력을 자극하고

창의력을 키울 수 있도록 도와준다.

— 알버트 아인슈타인(Albert Einstein, 물리학자)

＊

독서는 기도의 한 형태이며

우리가 잠시 다른 사람이 되어 다른 사람과 공감하고

그들이 겪고 있는 감정을 느낄 수 있게 해주는

일종의 안내자 같은 명상이다.

— 나디아 볼츠−베버(Nadia Bolz−Weber, 루터교 목사/작가)

살려면 도전해야 한다.

정말로 살기를 원한다면 일하고 도전해야 한다.

＊

어려움이 클수록 승리는 더욱 영광스럽다.

— 토마스 페인(Thomas Paine, 철학자)

＊

길이 있는 곳을 따라가지 말라.

대신 길이 없는 곳으로 가서 흔적을 남겨라.

— 랄프 왈도 에머슨(Ralph Waldo Emerson, 사상가)

*

미래는 당신이 오늘 무엇을 하느냐에 달려 있다.

— 마하트마 간디(Mahatma Gandhi, 인도 정치인)

*

위대한 일들은 절대 안락한 환경에서 나오지 않는다.

— 닐 스트라우스(Neil Strauss, 저널리스트)

*

기회는 우연히 찾아오는 것이 아니라 스스로 만드는 것이다.

— 크리스 그로서(Chris Grosser, 작가)

무슨 일이 있어도 계속 전진해야 한다.

난 지금 내가 가고 있는 길을 계속 따라갈 수밖에 없다. 아무 일도 하지 않고 아무것도 공부하지 않으며 탐구를 중단한다면, 나에겐 비탄만이 찾아

오고 망하게 될 것이다. 무슨 일이 있어도 계속 나아가야 한다는 것이 내 생각이다. 하지만 무엇이 나의 최종 목적인가라는 의문이 들 때가 있다. 진지한 작업을 통해서 처음의 막연했던 아이디어가 정교화 과정을 거치고, 초기의 찰나적이고 스쳐가는 생각이 통합되고, 초안이 스케치로, 스케치가 페인팅으로 변하듯, 목적은 점점 더 분명해지면서 서서히 떠오르게 된다. 파리 같은 장소는 오직 한 곳뿐이다. 이곳에서의 생활이 아무리 힘들다 해도, 설령 더 나빠지고 더 힘들어진다 해도, 프랑스의 공기가 두뇌를 맑게 하고 모든 일을 좋게 해 준다.

*

쇠가 뜨거워질 때까지 기다리지 말고
때려서 뜨거워지게 하라.

— 윌리엄 버틀러 예이츠(William Butler Yeats, 시인)

*

성공은 자연연소(燃燒)의 결과가 아니다.
스스로 불을 지펴야 하는 것이다.

— 아놀드 H. 글래소(Arnold H. Glasow, 작가)

*

우리는 우리가 반복적으로 하는 일로 정해진다.
그러므로 탁월함은 행위가 아니라 습관이다.

— 아리스토텔레스(Aristotle, 고대 그리스 철학자)

성공은 다른 사람들이 포기한 뒤에도
계속 버티는 것과 관련이 있는 것 같다.

— 윌리엄 페더(William Feather, 출판업자/작가)

성공의 연이은 실패의 결과이기도 하다.

성공은 때때로 실패를 거듭한 끝에 얻어지는 결과이기도 한 것이다.

*

나는 선수 생활을 하는 동안 9,000번 이상의 슛을 놓쳤고
거의 300번의 경기에서 패배했다.
승부를 결정짓는 슛을 맡았다가 26번이나 실패했다.
나는 인생에서 수도 없이 실패를 거듭했다.
그리고 바로 그 때문에 성공할 수 있었다.

— 마이클 조던(Michael Jordan, 농구선수)

*

성공으로 가는 길과 실패로 가는 길은 거의 똑같다.

— 콜린 R. 데이비스(Colin R. Davis, 오케스트라 지휘자)

성공은 가치를 창출하는 것이다.

— 캔디스 카펜터(Candice Carpenter, 비즈니스 컨설턴트)

*

성공은 최고가 되는 것이 아니다.

성공은 항상 더 나아지는 것이다.

— 베다드 사미(Behdad Sami, 농구선수)

*

성공은 우연이 아니다.

노력, 인내, 학습, 공부, 희생, 그리고 무엇보다도

자신이 하고 있거나 배우고 있는 일에 대한 사랑이다.

— 펠레(Pelé, 축구 선수)

고난을 통해 힘이 길러진다.

삶이 진전됨에 따라 점점 더 어려워지지만, 그 어려움과 싸우는 과정에서
가장 큰 마음의 힘이 길러진다.

*

변화를 이해하는 유일한 방법은

변화 속으로 뛰어들어 함께 움직이고

그 춤에 동참하는 것이다.

— 앨런 왓츠(Alan Watts, 저술가)

＊

장애물이 클수록 그것을 극복하는

영광은 더 커진다.

— 몰리에르(Molière, 극작가)

＊

장애가 곧 길이다.

— 마크 주커버그(Mark Zukerberg, Meta 창립자)

＊

우리 뒤에 있는 것과 우리 앞에 있는 것은

우리 안에 있는 것에 비하면

사소한 것들이다.

— 리처드 롤(Richard Rolle, 신비주의 작가)

＊

앉아서 불평만 해서는 결코 힘을 얻을 수 없다.

— 프레드릭 더글러스(Frederick Douglass, 신문 발행인)

＊

열정이 성공으로 이끈다.

그림에 색이 있듯이, 인생에는 열정이 있다.

*

열정이 세상을 움직인다.

– 아서 밸푸어(Arthur Balfour, 영국 총리)

*

열정은 노력의 어머니이며

열정이 없으면 위대한 것은

아무것도 이룰 수 없다.

– 랄프 왈도 에머슨(Ralph Waldo Emerson, 사상가)

*

열정이란 당신의 눈에서 반짝이는 불꽃이며

걸음걸이의 활기이며 손의 악력이며

아이디어를 실현하기 위한 의지와 에너지가 가진

저항할 수 없는 용솟음이다.

– 헨리 포드(Henry Ford, Ford 자동차 창업자)

*

성공은 행동과 연결되어 있는 것 같다.

성공한 사람들은 계속 움직인다.

– 콘래드 힐튼(Conrad Hilton, Hilton 호텔 창업자)

✳

성공이란 우리가 가진 것에 최선을 다하는 것을 의미한다.

성공은 얻는 것이 아니라 하는 것이며

승리가 아니라 노력하는 것이다.

– 지그 지글러(Zig Ziglar, 동기부여 저술가)

보잘것없는 내가 가슴에 품고 있는 것을 보여주고 싶다.

대부분의 사람들의 눈에 나는 어떻게 비춰질까? 별 볼 일 없는 사람, 괴짜, 불쾌한 인간, 사회에서 아무런 지위도 없고 앞으로도 가질 수 없는 인간, 한마디로 가장 낮은 위치에 있는 나라는 인간은? 그래도 좋다. 그것이 절대적으로 사실이라고 하더라도 언젠가는 그런 괴짜, 그런 보잘것없는 사람이 그의 마음에 무엇을 품고 있는지를 내 작품으로 보여주고 싶다. 그것은 모든 일에도 불구하고 원망보다는 사랑, 열정보다는 평온함에 기반을 둔 나

의 야망이다. 비참한 상황에 처할 때가 많지만 내 안에는 여전히 평온함과
순수한 조화와 음악이 있다.

*

당신의 현재 상황은 어디로 갈 수 있는지를 결정하는 것이 아니라
어디에서 시작해야 하는지를 결정할 뿐이다.

— 니도 쿠베인(Nido Qubein, 기업인)

*

어려움 속에서 기적이 피어난다.

— 장 드 라브뤼예르(Jean de La Bruyère, 모럴리스트)

*

우리가 내적으로 성취하는 것이 외부의 현실을 변화시킨다.

— 플루타르코스(Plutarch, 고대 그리스 철학자)

*

우리가 더 이상 상황을 바꿀 수 없게 되면
우리 자신을 변화시켜야 하는 도전에 직면하게 된다.

— 빅터 프랭클(Viktor Frankl, 신경학자)

*

삶을 회피해서는 평화를 찾을 수 없다.

— 버지니아 울프(Virginia Woolf, 소설가)

*

나는 치유가 – 만약 용기가 있다면 – 고통과 죽음에 대한 깊은 체념을 통해, 자신의 의지와 자기애의 포기를 통해 내면에서 시작된다는 것을 잘 알고 있다. 하지만 그런 마음가짐은 나에겐 전혀 해당되지 않는다. 나는 그림 그리는 것을 좋아하고, 사람과 사물, 그리고 우리 삶을 구성하는 모든 것들을 보는 일을 좋아한다. 그렇다. 나는, 실제의 삶은 다르겠지만, 온전히 삶을 살아가면서 언제든지 고통받을 준비가 되어있는 그런 범주의 사람은 아니다. 슬플 때 전혀 용감하지 않고 몸이 좋지 않을 때는 전혀 참을성이 없지만 내 일에 관해서는 대단한 인내심을 발휘한다.

＊

고통으로부터 가장 강한 영혼이 나타났고
가장 위대한 인물들은 상처로 각인되었다.

– 칼릴 지브란(Khalil Gibran, 시인)

＊

우리는 고통을 온전히 경험해야만 그 고통에서 치유된다.

– 마르셀 프루스트(Marcel Proust, 소설가)

＊

강해지는 것이 유일한 선택이 되기 전까지는

자신이 얼마나 강한지 알 수 없다.

― 밥 말리(Bob Marley, 싱어송라이터)

〈아를 : 밀밭에서의 전경〉(1888년 6월)

살아야 할 이유를 가진 사람은 어떤 어려움도 견딜 수 있다.

— 프리드리히 니체(Friedrich Nietzsche, 철학자)

*

죽음의 쓴맛을 맛보고 그것이 쓰다는 것을 깨닫는 영혼은

삶의 달콤함을 맛볼 수 있는 미각을 가진 자이다.

— 디트리히 본회퍼(Dietrich Bonhoeffer, 루터교 목사/반나치 운동가)

열정적으로 일하다가 죽고 싶다.

나는 지루하게 살다가 죽기 보다는 열정적으로 일하다 죽고 싶다.

*

하루가 끝날 때마다 녹초가 되지 않는다면 당신은 패배자다.

— 조지 로이스(George Lois, 아트 디렉터)

*

열정만큼 중요한 것은 없다.

인생에서 무엇을 하고 싶든 열정을 가져야 한다.

— 존 본 조비(Jon Bon Jovi, 싱어송라이터)

열정은 인간을 자기 자신을 넘어, 단점을 넘어
실패를 넘어 움직이게 한다.

— 조셉 캠벨(Joseph Campbell, 비교종교학 교수/작가)

*

당신이 사랑하는 것을 찾고
그것이 당신을 몰입시키도록 하라.

— 찰스 부코스키(Charles Bukowski, 시인)

*

성공하기 위해서는 무언가를 열정적으로 믿어
현실로 만들어야 한다.

— 아니타 로딕(Anita Roddick, The Body Shop 창업자)

감정에 몰입되면 내가 뭘 하는지도 모르게 된다.

가끔은 작업하는 동안 너무 감정이 북받쳐서 내가 일하고 있다는 사실조차
깨닫지 못할 때가 있다. 붓질은 마치 말하는 일처럼 자연스럽게 이어진다.

*

예술은 인간 영혼의 심오한 생각의 표현이다.

— 바실리 칸딘스키(Wassily Kandinsky, 화가)

✱

예술은 가장 깊은 인간의 감정을

표현하는 것이다.

— 요요 마(Yo—Yo Ma, 오케스트라 지휘자)

✱

내가 말로 표현할 수 있다면

그림을 그릴 이유가 없을 것이다.

— 에드워드 호퍼(Edward Hopper, 사실주의 화가)

✱

외로움은 예술가의 조건이다.

— 알베르 카뮈(Albert Camus, 철학자)

✱

예술은 현실에서 벗어나게 하는 방법이다.

— 파블로 피카소(Pablo Picasso, 화가)

✱

계속하는 것이 필요하다.

내가 생각하기엔 계속하고, 또 계속하는 것, 바로 그것이 필요하다.

*

절대 포기하지 않는 사람을 이길 수는 없다.

— 베이브 루스(Babe Ruth, 야구 선수)

가볼 만한 곳에는 지름길이 없다.

— 비벌리 실스(Beverly Sills, 오페라 소프라노)

*

힘이나 지능이 아닌,

지속적인 노력이 우리의 잠재력을 끌어내는 열쇠이다.

— 리안 카데스(Liane Cardes, 작가)

*

피곤하다고 멈추지 마라.

끝났을 때 멈춰야 하는 것이다.

— 미상

*

동기부여는 쓰레기다. 동기는 쉽고 덧없는 것이다.

동기부여는 시작만 가능하게 한다.

결과를 가져오게 하는 것은 습관이다.

— 대런 하디(Darren Hardy, 동기부여 전문가)

나는 농부가 일하는 것처럼 그림을 그린다.

농부들이 들판에서 일하는 것처럼 나는 열심히 캔버스에 그림을 그린다.

*

노력을 대신할 수 있는 것은 없다.

— 토마스 에디슨(Thomas Edison, 발명가)

*

모든 성장은 활동에 달려 있다.

신체적으로나 지적으로나 노력 없이는 발전이 없으며

노력은 일을 의미한다.

— 캘빈 쿨리지(Calvin Coolidge, 미국 30대 대통령)

*

아마추어 작가는 앉아서 영감이 떠오르기를 기다리지만,

프로 작가는 자리를 박차고 일어나 글 쓰러 간다.

— 스티븐 킹(Stephen King, 소설가)

*

재능은 식탁용 소금보다 가치가 없다.

재능 있는 사람과 성공한 사람을 구분하는 것은 많은 노력이다.

— 스티븐 킹(Stephen King, 소설가)

*

재능은 다른 사람이 맞출 수 없는 목표를 명중시킨다.

천재는 아무도 볼 수 없는 목표를 명중시킨다.

— 아르투어 쇼펜하우어(Arthur Schopenhauer, 철학자)

나는 노력하는 우울을 선택했다.

절망에 굴복하는 대신, 활동할 수 있는 한 나는 적극적인 우울을 선택했다. 다시 말해 무기력하게 절망하고 괴로워하는 우울보다는 희망하고, 노력하며, 탐구하는 우울을 선택한 것이다.

그렇게 나쁜 것만은 아니다.

높아진 자의식, 고립감, 함께하지 못하는 무력감,

신체적 수치심과 자기혐오 – 이런 것들이 전부 나쁜 것만은 아니다.

이런 악마들이 나의 천사였다. 그런 것들이 없었다면

나는 언어, 문학, 사고, 웃음, 그리고 나를 만들고 무너뜨린

모든 광란의 열정에 매몰되지 못했을 것이다.

— 스티븐 프라이(Stephen Fry, 영화배우)

*

뇌가 희망이 없다고 말할 때에도 희망은 있다.

— 존 그린(John Green, 소설가)

*

슬픔을 막기 위해 우리 주변에 쌓은 벽은 기쁨도 차단한다.

— 짐 론(Jim Rohn, 동기부여 전문가)

*

작품이 좋은지 아닌지에 대한 우울한 기분은

예술가의 보상이라고 알려져 있다.

— 어니스트 헤밍웨이(Ernest Hemingway, 소설가)

*

우울증, 고통, 분노는 모두 인간의 일부이다.

— 자넷 피치(Janet Fitch, 소설가)

할 수 있을 것 같은 느낌과 할 수 있는 것 사이의
장벽을 깎아내려야 한다.

위대한 업적은 충동에 의해서만 이루어지는 것이 아니다. 자신이 느끼는 것과 자신이 할 수 있는 것 사이에 솟은 벽을 인내심 있게 깎아내는 것에 의해서도 이루어진다.

*

성공으로 가는 길은
포기한 사람들의 시체로 포장되어 있다.

— 빈스 롬바르디(Vince Lombardi, 미식축구 감독)

*

위대한 업적은 힘이 아니라 인내로 이루어진다.

— 사무엘 존슨(Samuel Johnson, 시인)

*

당신이 앞으로 될 운명의 사람은
당신이 되기로 결심한 사람뿐이다.

— 랄프 왈도 에머슨(Ralph Waldo Emerson, 사상가)

*

내일의 실현을 가로막는 유일한 한계는 오늘의 의심뿐이다.

— 프랭클린 D. 루즈벨트(Franklin D. Roosevelt, 미국 32대 대통령)

＊

20년 뒤 당신은 자신이 한 일보다

하지 않은 일에 더 실망하게 될 것이다.

그러니 밧줄을 풀고 안전한 항구에서 벗어나

무역풍을 돛에 실어 항해하라. 탐험하고, 꿈꾸고, 발견하라.

— 마크 트웨인(Mark Twain, 소설가)

늘어진 승리가 이른 승리보다 낫다.

평생의 노력과 수고 끝에 얻는 승리가 빨리 얻는 승리보다 낫다.

＊

인내와 끈기는 어려움이 사라지고

장애물을 제거하는 마법 같은 효과를 가진다.

— 존 퀸시 아담스(John Quincy Adams, 미국 6대 대통령)

＊

비결은 내가 똑똑해서가 아니라
문제를 오래 붙잡고 있어서일 뿐이다.

– 알버트 아인슈타인(Albert Einstein, 물리학자)

＊

인내란 이미 힘든 일을 해서 녹초가 된 뒤에도
계속해서 힘든 일을 하는 것이다.

– 뉴트 깅리치(Newt Gingrich, 미국 정치인)

〈몽마주르를 배경으로 한 라 크라우에서의 추수〉(1888년 6월)

지속적인 개선이 지연된 완벽함보다 낫다.

— 마크 트웨인(Mark Twain, 소설가)

*

진정한 승리는 자기 자신에 대한 승리이다.

— 플라톤(Plato, 고대 그리스 철학자)

낙담될 때도 물러서지 말라.

때로는 아무것도 그려지지 않은 빈 캔버스를 바라보는 것처럼 인생이 공허하고 낙담되게 느껴질 때가 있다. 하지만 마치 빈 캔버스처럼, 아무리 공허하고 헛되며 아무리 죽은 듯이 보일지라도 믿음과 에너지와 온기를 지닌 사람, 무언가를 아는 사람은 그렇게 쉽게 물러나지 않는다.

*

힘은 무엇을 할 수 있는 것에서 나오는 것이 아니다.
그것은 한때 할 수 없다고 생각했던 것을
극복하는 데서 나온다.

— 리키 로저스(Rikki Rogers, 작가)

오늘 겪고 있는 고난은 내일 필요한 힘을 기르는 과정이다.

— 로버트 튜(Robert Tew, 작가)

＊

옥을 다듬지 않으면 좋은 그릇이 될 수 없듯

배우고 단련하지 않으면 인재가 될 수 없다.

— 《삼자경(三字經)》에서

＊

두려움에 대처하는 유일한 방법은

정면으로 마주치는 것이다.

— 제임스 카메론(James Cameron, 영화감독)

＊

삶을 진정으로 사는 유일한 방법은

미치도록 그것에 전념하는 것이다.

— 안젤리나 졸리(Angelina Jolie, 영화배우)

＊

삶을 사는 유일한 방법은

매 순간을 반복할 수 없는 기적으로

받아들이는 것이다.

— 타라 브랙(Tara Brach, 심리학자)

＊

위험 속에서도 안전할 수 있다.

위험의 한복판에도 안전은 있다.

*

당신에게 좋은 일만 일어난다면

절대 용감해질 수 없다.

— 메리 타일러 무어(Mary Tyler Moore, 영화배우)

*

위험을 감수하지 않고는 결코 위험을 극복할 수 없다.

— 라틴 속담

*

살아남는 것은 가장 강한 종이나

가장 지능이 높은 종이 아닌

변화에 가장 잘 반응하는 종이다.

— 찰스 다윈(Charles Darwin, 생물학자)

*

위대한 업적은 대개 큰 위험을 무릅쓰고 이루어진다.

— 헤로도토스(Herodotus, 고대 그리스 역사학자)

위험은 필수이다.

안전하고 편안한 곳에 머물러서는 영감이 자라지 않는다.

– 알렉스 노블(Alex Noble, 작가)

일은 낙담에서 벗어나기 위한 좋은 방법이다.

인생은 슬픔으로 가득하다. 그렇다고 해서 너무 낙담해서는 안 된다. 다른 일에 집중하는 것이 중요하며, 일을 하는 것이 낙담에서 벗어나기 위한 좋은 방법이다. 하지만 올바른 일을 하더라도 나를 포함한 모든 사람이 불행을 경험할 수 있다는 깨달음 안에서만 마음의 평화를 찾을 수 있다.

＊

열심히 일할수록 더 큰 행운을 얻는다.

– 사무엘 골드윈(Samuel Goldwyn, 영화제작자)

＊

일은 인간에게 형벌이 아니다.

그것은 보상이자 힘이며 즐거움이다.

– 조르주 상드(George Sand, 소설가)

인생의 어려움은

우리를 더 나은 사람으로 만들기 위한 것이지

괴롭히기 위한 것이 아니다.

— 댄 리브스(Dan Reeves, 미식 축구 감독)

＊

노력하지 않으면 잡초만 자랄 뿐

아무것도 자라지 않는다.

— 고든 B. 힝클리(Gordon B. Hinckley, 예수 그리스도 후기 성도 교회 회장)

＊

돈을 위해 일을 하는 사람을 고용하지 말고

일을 사랑하는 사람을 고용하라.

— 헨리 데이비드 소로(Henry David Thoreau, 철학자)

성공에 이르는 길은 행동하는 것뿐이다.

우리의 목표는 계획이라는 수단을 통해서만 달성할 수 있다. 열정적으로 믿고 강력하게 행동하는 것 외에 성공에 이르는 다른 길은 없다.

계획이 없는 목표는 그저 소망일뿐이다.

– 앙투안 드 생텍쥐페리(Antoine de Saint-Exupéry, 소설가)

*

끈기는 탁월함의 쌍둥이 자매이다.

– 옥타비아 팔러(Octavian Paler, 저널리스트/정치가)

*

준비하지 않는 것은 실패를 준비하는 것이다.

– 벤저민 프랭클린(Benjamin Franklin, 정치인/발명가)

*

행동 없는 비전은 그저 백일몽이고,

비전 없는 행동은 눈이 먼 것과 다름없다.

– 넬슨 만델라(Nelson Mandela, 남아프리카 공화국 대통령)

*

목표 설정은 보이지 않는 것을

보이는 것으로 만드는 첫 번째 단계이다.

– 토니 로빈스(Tony Robbins, 동기부여 저술가)

*

나는 신속하게 일한다.

다행히도 나는 내가 원하는 것이 무엇인지 잘 알고 있고, 서둘러 일한다는 비판에 대해 기본적으로 전혀 무관심하다. 그에 대한 답으로, 나는 지난 며칠 동안 몇몇 일들을 더욱 빠르게 처리했다.

*

성공은 속도를 좋아한다.

— 그랜트 카르도네(Grant Cardone, 기업인)

*

미루기는 시간 도둑이다.

— 에드워드 영(Edward Young, 시인)

*

비판을 피하려면 아무것도 하지 말고,

아무 말도 하지 말고, 아무것도 되지 마라.

— 엘버트 허바드(Elbert Hubbard, 저술가)

*

지연은 가장 치명적인 형태의 거부이다.

— C. 노스코트 파킨슨(C. Northcote Parkinson, 역사학자)

기다리지 말라. 적절한 시간은 절대 오지 않는다.

― 나폴레옹 힐(Napoleon Hill, 동기부여 저술가)

시작은 작은 것부터.

나는 작은 것부터 시작할 것이다.

*

계획한 위대한 행동보다 실천한 작은 행동이 더 낫다.

― 피터 마셜(Peter Marshall, 방송인)

*

성공은 매일 반복되는 작은 노력의 총합이다.

― 로버트 콜리어(Robert Collier, 신사상 저술가)

*

중요한 것은 작은 세부사항들이다.
작은 일들이 큰 일을 만들어낸다.

― 존 우든(John Wooden, 미국 농구 감독)

*

작은 기회가 위대한 업적의 시작인 경우가 많다.

— 데모스테네스(Demosthenes, 고대 그리스 정치가)

✳

큰 꿈을 꾸고 작게 시작하되, 무엇보다도 먼저 시작하라.

— 사이먼 시넥(Simon Sinek, 동기부여 저술가)

무조건 그림을 그려라.

아무것도 시도할 용기가 없다면 인생은 어떻게 되는 것인가? 내면에서 "너는 화가가 아니다"라는 소리가 들린다면 무조건 그림을 그려라. 그러면 그 목소리가 침묵할 것이다.

✳

인생은 용기에 비례하여 축소되거나 확장된다.

— 아나이스 닌(Anais Nin, 수필가)

✳

성공의 가장 큰 장벽은 실패에 대한 두려움이다.

— 스벤 예란 에릭손(Sven-Göran Eriksson, 축구감독)

준비가 안된 것 같아도 그냥 하라.

– Nike 광고

*

행동이 두려움을 치료한다.

– 마리 퀴리(Marie Curie, 물리학자)

*

뛰어들면 그물이 나타날 것이다.

– 존 버로스(John Burroughs, 동식물 연구가/수필가)

순탄한 성공보다 어려움을 거친 성공이 더 소중하다.

올곧은 삶을 살면서 진정한 어려움과 실망을 경험하고도 그것에 무너지지 않는 사람은 모든 것이 항상 평탄하고 상대적인 번영만 경험한 사람보다 더 가치가 있는 삶을 사는 것이다.

*

불가능과 가능의 차이는 사람의 결심에 달려 있다.

– 토미 라소다(Tommy Lasorda, 야구 감독)

불운을 극복하는 유일한 방법은

노력뿐이다.

— 해리 골든(Harry Golden, 작가/신문 발행인)

*

당신은 원래 선수로 태어났다.

당신은 원래 여기 있을 운명이었다.

이 순간은 당신의 것이다.

— 허브 브룩스(Herb Brooks, 하키 선수)

*

역경은 어떤 사람을 망가뜨리지만

또 어떤 사람에겐 기록을 깨뜨리게 한다.

— 윌리엄 아서 워드(William Arthur Ward, 동기 계발 저술가)

*

참나무는 바람과 싸우다 부러지고

버드나무는 꼭 필요한 순간에

구부러져 살아남는다.

— 로버트 조던(Robert Jordan, 판타지 작가)

*

우울에서 벗어나면 그림에만 전념할 것이다.

내가 하고 싶은 말은, 우울한 시기가 끝나면 이전보다 더 강해질 것이고 건강도 회복할 것이며 주변 풍경이 너무 아름다워 보여 오직 그림에만 전념하게 되리라는 것이다.

*

인간의 정신은
그 어떤 일이 일어나도 이겨낼 수 있을 만큼 강하다.

– 쉐리 카터 스콧(C.C. Scott, 동기부여 저술가)

*

나는 존재한다고 알고 있던 다채로운 색과 음영 대신
흑백으로 세상을 보았다.

– 케이티 맥개리(Katie McGarry, 소설가)

*

우울증을 피하려면 바빠야 한다.
게으름은 나에겐 원수이다.

– 매트 루카스(Matt Lucas, 코미디언/작가)

*

모든 것이 당신에게 불리하게 돌아가는 것처럼 보일 때

비행기가 바람이 흘러가는 대로 이륙하는 것이 아니라

바람을 거스르며 이륙한다는 것을 기억하라.

− 헨리 포드(Henry Ford, Ford 자동차 설립자)

*

불운을 극복하는 유일한 방법은 노력뿐이다.

− 해리 골든(Harry Golden, 작가/신문 발행인)

〈점심 뒤의 낮잠 (밀레의 작품을 모사)〉(1890년 1월)

상처가 아직 남아 있다는 사실을 인정해도 괜찮다.

당신은 여전히 치유 중이다.

하지만 시간이 걸린다, 시간이 걸린다.

— 앨리슨 말리(Alison Malee, 시인)

앞으로 나아가는 것만이 유일한 방법이다.

후회하거나 포기하는 것은 도움이 되지 않는다. 앞으로 나아가는 것만이 유일한 방법이다.

＊

고난 없이는 발전도 없다.

— 프레드릭 더글러스(Frederick Douglass, 신문 발행인)

＊

어려울 때일수록 강해야 앞으로 나갈 수 있다.

— 조셉 P. 케네디(Joseph P. Kennedy, 영국 주재 미국 특명전권대사/

미국 제35대 대통령 존 F. 케네디의 아버지)

＊

고통은 일시적이지만 포기는 영원하다.

— 랜스 암스트롱(Lance Armstrong, 사이클 선수)

*

역경은 종종 평범한 사람들을 특별한 운명으로 준비시킨다.

— C.S 루이스(C.S. Lewis, 소설가)

*

절대 포기하지 말라.

바로 그 순간이 역전될 때와 장소이기 때문이다.

— 해리엇 비처 스토우(Harriet Beecher Stowe, 소설가)

사랑

영혼에 뿌리내리는
사랑의 고통은 인간
전체를 사로잡고,
상처를 입으면
모든 모공 밖으로
피가 흐르게 한다.

예술가가 되려면 사랑이 필요하다.

일하려면 그리고 예술가가 되려면 사랑이 필요하다. 작품에 감성을 표현하고 싶다면 먼저 스스로 감성을 느끼면서 자신만의 마음대로 살아가야 한다.

*

예술가의 일은 자신의 시대를 역사 속에서 증언하는 것이다.

— 로버트 라우센버그(Robert Rauschenberg, 화가)

*

예술가는 사람들이 가질 필요는 없지만

어떤 이유로든 그들에게 주는 것이

좋겠다고 생각하는 것을

만들어내는 사람이다.

— 앤디 워홀(Andy Warhol, 팝 아티스트)

*

예술은 자신이 누구인지

세상을 어떻게 바라보는지 표현하는 방법이다.

— 데이비드 호크니(David Hockney, 화가)

*

예술가는 다른 사람을 행복하게 만들려는 노력을 멈출 때
자신의 진정한 재능을 발견한다.

– 앙드레 말로(Andre Malraux, 작가)

✳

예술은 시간과 공간을 초월하여
모든 사람을 연결하는 보편적인 언어이다.

– 에드윈 허벨 채핀(Edwin Hubbell Chapin, 기독교 설교자)

나의 일이 존재할 가치가 있기를…….

나는 이 모든 일을 겪으면서도 침착함과 자신감을 유지하고 있다. 또 성공할 수 있다는 믿음 때문에 내 일에 더욱 집중할 수 있게 되었다. 나는 비범한 사람이 되기보다는 '평범한' 사람이 되기를 바란다. 여기서 평범하다는 것은 내 일이 건전하고 합리적이며 존재할 가치가 있어서 어떤 목적에 기여할 수 있다는 것을 의미한다. 나는 진정한 사랑만큼 삶의 현실을 일깨워주는 것은 없다고 생각한다.

✳

사랑은 다른 사람의 인격의 가장 깊은 핵심을

파악할 수 있는 유일한 방법이다.

— 빅터 프랭클(Viktor Frankl, 신경학자)

＊

사랑은 인간의 힘을 가장 위대하게 나타내는 것이다.

— 하즈라트 이나야트 칸(Hazrat Inayat Khan, 철학자)

＊

사랑은 인간의 영혼이 이기심에서 봉사로 나아가는 통로이다.

— 잭 하일스(Jack Hyles, 침례교 목사)

＊

사랑은 우주를 다스리는 영원한 법칙이다.

— 맨리 P. 홀(Manly P. Hall, 작가)

영혼에 뿌리 내리는 사랑의 고통

나는 이제 사랑할수록 더 많은 고통을 받는다는 사실을 그 어느 때보다 확신하게 되었다. 나는 젊음의 덧없는 열정이 아니라 영혼에 뿌리를 내리는 깊고 지속적인 사랑에 대해 이야기한다. 그런 사랑은 인간 전체를 사로잡고, 상처를 입으면 모든 모공 밖으로 피를 흘리게 한다.

*

사랑할 수 있는 능력이 클수록

고통을 느낄 수 있는 능력도 커진다.

— 제니퍼 애니스톤(Jennifer Aniston, 영화배우)

*

사랑의 고통은 살아 있음의 고통이다. 그것은 영원한 상처이다.

— 모린 더피(Maureen Duffy, 시인/극작가)

*

사랑은 결코 자연사하지 않는다.

사랑이 죽는 것은 우리가 그 근원을

보충하는 방법을 모르기 때문이다.

— 아나이스 닌(Anais Nin, 수필가)

*

전혀 사랑하지 않는 것보다 사랑하고 잃는 것이 낫다.

— 알프레드 로드 테니슨(Alfred Lord Tennyson, 시인)

*

사랑은 걱정과 두려움으로 가득 찬 것이다.

— 오비디우스(Ovid, 로마제국 시인)

사랑은 마법 같은 큰 힘으로 감옥을 연다.

이 감금에서 누군가를 해방시킬 수 있는 것이 무엇인지 아는가? 그것은 깊고 진지한 애정이다. 친구가 되어주고 형제처럼 지내는 것. 사랑은 마법 같은 큰 힘으로 감옥을 연다. 공감을 느낄 때 삶이 새로워지는 것이다.

*

친구란 나에 대해 모든 것을 알고 있으면서도
여전히 나를 사랑하는 사람이다.

— 엘버트 허바드(Elbert Hubbard, 저술가)

*

진정한 친구는 세상의 모든 사람들이 곁을 떠날 때
오히려 곁으로 다가오는 사람이다.

— 월터 윈첼(Walter Winchell, 칼럼니스트)

*

친구는 상처받은 마음에 약이 되고
희망찬 영혼에는 비타민이 된다.

— 스티브 마라볼리(Steve Maraboli, 동기부여 저술가)

*

연민은 인간과 동물을 구별하는

가장 중요한 자질이다.

— 아르투어 쇼펜하우어(Arthur Schopenhauer, 철학자)

＊

사랑은 한 사람이 다른 사람에게 줄 수 있는

가장 큰 선물이다.

— 레오 톨스토이(Leo Tolstoy, 소설가)

〈아침 : 일하러 가는 농촌 부부 (밀레의 작품을 모사)〉(1890년 1월)

사랑은 포기할 수 없다.

사랑은 긍정적이고 매우 강렬하며 현실적인 것이기 때문에, 사랑하는 사람이 그 감정을 포기할 수 없다.

*

우리는 사랑에 빠졌을 때 가장 살아 있음을 느낀다.

– 존 업다이크(John Updike, 소설가)

*

사랑을 치료하는 방법은 더욱 사랑하는 것밖에는 없다.

– 헨리 데이비드 소로(Henry David Thoreau, 철학자)

*

사랑은 우주에서 가장 강력한 힘이다.

– 디팍 초프라(Deepak Chopra, 의사/뉴에이지 사상가)

*

사랑은 신성한 에너지의 저장소이며

영적 진화를 위한 혈액과 같다.

– 피에르 테일하르트 드 샤르댕

(Pierre Teilhard de Chardin, 가톨릭 신부/고생물학자/지리학자)

사랑은 모든 것에 대한 해답이다.

무엇이든 할 수 있는 유일한 이유다.

당신이 사랑하는 이야기를 쓰지 않으면 결코 성공할 수 없다.

다른 사람들도 사랑하는 이야기를 쓰지 않는다면

결코 성공할 수 없다.

— 레이 브래드버리(Ray Bradbury, 환상 공포 소설가)

많이 사랑하면 많이 이룬다.

많이 사랑하는 사람은 많이 일하고 많은 것을 성취한다. 무엇을 하더라도 사랑이 개입되면 잘될 수밖에 없다. 사랑은 인간 마음에 있는 그 무엇보다 좋은 것이면서 고귀한 것인데, 금이 불에 의해 시험받듯 삶에 의해 시험받을 때 특히 그러하다.

*

사랑은 모든 것을 정복한다. 우리도 사랑에 굴복하자.

— 베르길리우스(Virgil, 고대 로마 시인)

*

사랑만이 당신에게 마법 같은 힘을 빌려줄 수 있다.

— 아가사 크리스티(Agatha Christie, 소설가)

*

사랑은 무거운 모든 것을 가볍게 만든다.

— 토마스 아 켐피스(Thomas à Kempis, 신비 사상가)

*

사랑과 인내심만 있다면 불가능은 없다.

— 이케다 다이사쿠(池田大作, 불교 철학자)

*

사랑은 두 개의 본성이 서로를 포함하고
서로를 풍요롭게 하는 방식으로 확장되는 것이다.

— 펠릭스 애들러(Felix Adler, 철학자)

사랑하면 잘 해낼 수 있다.

많이 사랑하는 사람은 행복하다. 그런 사람은 설사 흔들리고 의심하는 일

이 있더라도 신성한 불꽃을 지키기 마련이므로, 초심으로 돌아가고 또 언제

까지나 그런 자세를 유지하게 된다. 사랑할 만한 참다운 가치를 지닌 것을 진실되게 사랑하기를 지속하면서, 하찮거나 사소하거나 의미 없는 것들에 사랑을 낭비하지 않는다면 점차 더 많은 빛을 보게 되고 더 강해질 것이다.

*

모든 일을 사랑으로 하라.

— 오그 만디노(Og Mandino, 동기부여 저술가)

*

사랑은 주는 사람과 받는 사람 모두를 치유한다.

— 칼 A. 메닝거(Karl A. Menninger, 정신과 의사)

*

우리가 결코 충분히 얻지 못하는 것은 사랑이고
우리가 결코 충분히 주지 못하는 것도 사랑이다.

— 헨리 밀러(Henry Miller, 소설가)

*

사랑은 평범한 사람들이 비범함을 이룰 수 있게 하는 원동력이다.

— 트와일라 타프(Twyla Tharp, 안무가)

*

사랑은 삶의 필수 에너지이자 세상을 하나로 묶는 접착제이다.

— 테일하르트 드 샤르댕(Teilhard de Chardin, 가톨릭 신부/고생물학자/지리학자)

*

312

사랑은 내 창의성의 원천이다.

나는 내 일에 마음과 영혼을 쏟았고 그 과정에서 갈팡질팡하기도 했다. 하지만 사랑 없이는 살 수 없다. 나는 온화한 마음에서 우러나오는 정감과 따뜻함을 경험하고 싶다. 나의 일과 삶은 깊이 얽혀 있고, 사랑은 내 창의력을 자극하여 새로운 차원으로 나를 밀어 올려준다. 이 심오한 연결이 없는 삶은 상상할 수 없다.

*

사랑은 영감의 불을 지피는 연료이다.

— 마쇼나 달리와요(Matshona Dhliwayo, 철학자)

*

사랑은 창의성의 원천이다.
사랑은 예술가의 손을 인도하는 뮤즈 신이다.

— 아버자니(Aberjhani, 역사학자)

*

사랑이 없는 삶은 전혀 삶이 아니다.

— 파울로 코엘료(Paulo Coelho, 소설가)

*

사랑은 창의성과 혁신의 씨앗을 키우는 가장 중요한 핵심이다.

— 브라이언트 맥길(Bryant McGill, 동기부여 저술가)

＊

누군가에게 줄 수 있는 가장 큰 선물은 당신의 마음이다.

— 미겔 데 세르반테스(Miguel de Cervantes, 소설가)

사랑은 힘이다.

많은 것을 사랑하는 것은 좋은 일이다. 그 안에 진정한 힘이 있기 때문이다. 많은 것을 사랑하는 사람은 많은 일을 수행할 수 있고, 많은 것을 이룰 수 있다. 사랑으로 행해진 일은 잘 이루어진다.

＊

사랑이 있는 곳에 생명이 있다.

— 마하트마 간디(Mahatma Gandhi, 인도 정치인)

＊

사랑은 인생에서 가장 큰 청량제이다.

— 파블로 피카소(Pablo Picasso, 화가)

좋아하는 일을 하면

그것을 세상에 알릴 수 있는 방법을 찾을 수 있다.

— 주디 콜린스(Judy Collins, 싱어송라이터)

＊

사랑은 키워야 할 꽃이다.

— 존 레논(John Lennon, 가수)

＊

사랑받기 위해 사랑하는 것은 인간적인 것이지만

사랑하기 위해 사랑하는 것은 천사적인 것이다.

— 알폰스 드 라마르탱(Alphonse de Lamartine, 시인)

사랑은 최고의 예술이다.

사람을 사랑하는 것보다 진정한 예술은 없다.

＊

인생의 가장 큰 기쁨은 사랑이다.

— 에우리피데스(Euripides, 고대 그리스 시인)

사랑으로 사는 삶은 결코 지루하지 않다.

— 레오 버스카글리아(Leo Buscaglia, 교육학 교수/동기부여 강사)

*

사랑만이 유일한 금이다.

— 알프레드 로드 테니슨(Alfred Lord Tennyson, 시인)

*

자신을 먼저 사랑하면 다른 모든 것은 저절로 따라온다.

이 세상에서 무엇이든 해내려면 자신부터 사랑해야 한다.

— 루실 볼(Lucille Ball, 희극배우)

〈아를의 공립 공원 입구〉(1888년 9월)

다른 사람에게 줄 수 있는 가장 큰 선물은

무조건적인 사랑과 포용이다.

― 브라이언 트레이시(Brian Tracy, 동기부여 저술가)

사랑은 하나님을 아는 것이다.

나는 하나님을 아는 가장 좋은 방법은 많은 것을 사랑하는 것이라 생각한다.

*

사랑은 당신을 모든 것에 연결해주는 다리 같은 것이다.

― 루미(Rumi, 페르시아 시인)

*

사랑하는 마음은 언제나 젊다.

― 그리스 속담

*

인생의 가장 큰 비극은 인류의 멸망이 아니라

사랑을 멈추는 것이다.

― 윌리엄 서머싯 몸(W. Somerset Maugham, 소설가)

당신 안에 더 많은 빛을 허용할수록

당신이 사는 세상은 더 밝아진다.

— 샤크티 가와인(Shakti Gawain, 뉴에이지 저술가)

✳

더 많이 사랑할수록 더 많이 사랑할 수 있고

더 강렬하게 사랑할 수 있다.

사랑할 수 있는 대상의 수에도 제한이 없다.

시간만 충분하다면 무한한 우주를

모두 사랑할 수 있을 것이다.

— 마들렌 랭글(Madeleine L'Engle, 소설가)

개는 인간의 삶에 따뜻함을 안겨 준다.

만약 너에게 개가 한 마리도 없다면, 네 인생에 문제가 있는 건 아니지만, 뭔가 부족하다는 건 분명하다. 개는 우리 삶에 따뜻함과 기쁨을 가져다주는 존재이니까.

✳

개는 우리 삶의 전부는 아니지만,

우리 삶을 온전하게 만들어 준다.

— 로저 카라스(Roger Caras, 사진작가 겸 작가)

*

개는 지구상에서 자기 자신보다 당신을 더 사랑하는

유일한 존재이다.

— 조쉬 빌링스(Josh Billings, 유머리스트)

*

모든 사람이 개처럼 무조건적으로 사랑할 수 있다면

세상은 더 좋은 곳이 될 것이다.

— M.K. 클린턴(M.K. Clinton, 작가)

*

개는 자신이 무엇을 하고 있는지에 대해

깊이 생각하지 않는다.

스스로 옳다고 느끼는 일을 할 뿐이다.

— 바바라 킹솔버(Barbara Kingsolver, 소설가)

*

개가 아는 가장 큰 두려움은 주인이 혼자 문밖을 나가서

그가 돌아오지 않을 것이라는 두려움이다.

— 스탠리 코렌(Stanley Coren, 심리학자)

사람을 사랑하는 것이 진정한 예술이다.

생각할수록 사람을 사랑하는 것보다 더 진정한 예술은 없다는 생각이 든다.

＊

세상에서 가장 위대한 예술은 사랑의 예술이다.

– 에리히 프롬(Erich Fromm, 사회심리학자)

＊

예술은 명백하고 잘 알려진 것에서

난해하고 감춰진 것으로 나아가는 단계이다.

– 칼릴 지브란(Khalil Gibran, 시인)

＊

사랑은 예술 작품이 아니라 예술가이다.

– 자넷 윈터슨(Jeanette Winterson, 작가)

＊

사랑은 가장 어렵고 위험한 형태의 용기이다.

용기는 가장 절실하고 존경할 만하며

고귀한 종류의 사랑이다.

– 델모어 슈워츠(Delmore Schwartz, 시인)

사랑의 예술은 대체로 끈기의 예술이다.

— 앨버트 엘리스(Albert Ellis, 심리학자)

희미한 거울을 들여다보듯 친구를 기억한다.

너에 대한 생각이 자주 든다. 살면서 우리가 원하는 것을 항상 할 수 있는 것은 아니다. 한 장소를 사랑할수록 그곳을 떠나기가 더 어려워진다. 하지만 추억은 남고, 멀리 떨어져 있는 친구들을 희미한 거울을 들여다보듯 기억한다.

*

이별은 달콤한 슬픔이다.

— 윌리엄 셰익스피어(William Shakespeare, 극작가)

*

마음에도 정신과 마찬가지로 기억이 있다.
그리고 그 안에는 가장 소중한 유품이 보관되어 있다.

— 헨리 워즈워스 롱펠로(Henry Wadsworth Longfellow, 시인)

*

기억은 우리 모두가 가지고 다니는 일기장이다.

– 오스카 와일드(Oscar Wilde, 시인)

*

추억은 과거가 아니라 미래를 위한 열쇠이다.

– 코리 텐 붐(Corrie ten Boom, 시계 제작자/작가)

*

삶은 단순하지만
우리는 그것을 복잡하게 만들려고 고집을 부린다.

– 공자(孔子, 사상가)

그냥 사랑하는 거야, 그게 전부다!

사랑은 정말 대단하다!

만일 누군가가 헌신하지도 않으면서 자신에게 청혼하려는 것을 눈치챈다면, 어떤 진실된 여자가 "아니, 절대 안돼" 보다 더 나쁜 말을 하지 않겠는가? 오, 테오, 이 주제에 대해 이야기하지 말자. 너와 내가 사랑을 한다면 그냥 사랑을 하는 거야. 그게 전부야. 그리고 우리는 맑은 정신을 유지하고 마음을 흐리지 않으며 감정을 억제하지 않고 불과 빛을 끄지 않으면서 단순히 이렇게 말하는 거야. "하나님 감사합니다. 사랑합니다."

*

사랑은 가장 은밀한 광기다.

— 알렉산더 포프(Alexander Pope, 시인)

*

사랑은 폭풍이다.

언제 닥칠지, 얼마나 오래 지속될지, 얼마나 강할지 알 수 없다.

— 위노나 라이더(Winona Ryder, 영화배우)

*

우리는 모두 조금 이상하고 인생도 조금 이상하다.

그리고 우리와 잘 맞는 이상함을 가진 사람을 찾으면,

서로의 이상함에 빠져들어 그것을 사랑이라고 부른다.

— 닥터 수스(Dr. Seuss, 아동 작가)

*

사랑은 지저분하고, 미쳤고, 멋지다.

— 파울로 코엘료(Paulo Coelho, 소설가)

*

사랑은 도박이지만 도전해볼 만한 가치가 있는 유일한 도박이다.

— 어니스트 헤밍웨이(Ernest Hemingway, 소설가)

그녀를 생각하면 행복과 기쁨이 느껴진다.

시엔(빈센트가 사랑했던 매춘부)과 함께 있으면 집에 있는 듯한 편안한 느낌, 마음이 따뜻해지면서 우리 두 사람의 인생이 서로 얽혀 있다는 느낌이 든다. 이것은 깊고 진지한 감정으로, 그녀와 나의 어두운 과거의 그림자가 없지 않아서, 남은 생애 동안 나쁜 것과 맞서 싸워야 할 것 같은 느낌이 든다. 하지만 그녀를 생각하면 평온함과 행복, 기쁨이 느껴지면서 내 앞에 놓인 곧은 길이 보이는 듯하다.

*

사랑은 다른 사람의 행복이

당신 자신에게 필수적인 상태를 말한다.

— 로버트 A. 하인라인(Robert A. Heinlein, SF 작가)

*

인생에서 가장 중요한 것은

사랑을 베풀고 사랑을 받아들이는 방법을

배우는 것이다.

— 모리 슈워츠(Morrie Schwartz, 사회학자)

*

꿈과 사랑에는 불가능이 없다.

— 어러니 야노시(Arany János, 시인)

〈레알리스콤〉(1888년 11월)

용감하다는 것은 대가를 바라지 않고

누군가를 무조건적으로 사랑하는 것이다.

– 마가렛 미첼(Margaret Mitchell, 소설가)

＊

사랑은 서로를 바라보는 것이 아니라

같은 방향을 함께 바라보는 것이다.

– 앙트완 드 생텍쥐페리(Antoine de Saint-Exupéry, 소설가)

사랑은 주고받는 것이어야 한다.

내가 스무 살 때 느꼈던 사랑은 어떤 사랑이었을까? 정의하기는 어렵다. 그 당시 내 육체적 열정은 매우 연약했는데, 아마도 몇 년간의 극심한 가난과 힘든 작업 때문이었을 것이다. 하지만 지적 열정은 강해서, 대가를 바라지 않고 동정도 바라지 않고, 그리고 받는 것 없이 그저 베풀고만 싶었다. 어리석고, 잘못되고, 과장되고, 오만하고, 성급했다. 사랑에서는 주고받아야 하며, 반대로 받기만 하는 것이 아니라 주기도 해야 하는 것이다.

＊

최고의 사랑은 영혼을 일깨우고

더 많은 것을 갈망하게 하며

가슴에 불을 지피고 마음에 평화를 가져다주는 사랑이다.

– 니콜라스 스팍스(Nicholas Sparks, 소설가)

*

사랑은 완벽한 사람을 찾는 것이 아니다.

불완전한 사람을 완벽하게 보는 것이다.

– 샘 킨(Sam Keen, 철학자)

*

당신이 배울 수 있는 가장 위대한 것,

그것은 사랑하고 그 대가로 사랑을 받는 것이다.

– 영화 <물랑루즈(Moulin Rouge)>에서

*

사랑은 비용을 계산하는 것이 아니라

그 비용을 가치 있게 만드는 것이다.

– J.D. 맥클래치(J.D. McClatchy, 시인)

*

사랑은 단순한 감정이 아니라 의지의 행동이다.

– 아비게일 반 뷰렌(Abigail Van Buren, 칼럼니스트)

*

그녀 때문에 지치도록 슬픔과 어려움을 겪었지만
후회는 없다.

지금 나에게 "그녀와 얽힌 게 뭐였느냐?"고 묻는 사람들이 있는데 이건 하나의 사실이다. 이제 그녀에게 "그와 얽힌 게 뭐였느냐?"고 묻는 사람들이 있는데, 그건 두 번째 사실이다. 그 외에도 그녀와 나는 지치도록 슬픔과 어려움을 겪었지만 후회는 없다(여기서 '그녀'는 동거했던 매춘부 시엔 Sien을 말한다).

*

사랑은 그 어떤 것보다 강력한 힘이다.

눈에 보이지도 않고 측정할 수도 없지만

한순간에 사람을 변화시키고

그 어떤 물질적 소유보다 더 큰 기쁨을 줄 만큼 강력하다.

‒ 바바라 드 안젤리스(Barbara De Angelis, 동기부여 전문가)

*

사랑은 끝없는 미스터리다.

왜냐하면 그것을 설명할 수 있는 합리적인 이유가 없기 때문이다.

‒ 라빈드라나트 타고르(Rabindranath Tagore, 시인)

*

사랑은 미소로 시작하여 키스로 발전했다가 눈물로 끝난다.

– 미상

＊

사랑은 자신에 대해 새로운 것을 알려주는

사람을 만나는 것이다.

– 앙드레 브르통(Andre Breton, 시인)

＊

사랑은 불이다.

하지만 그것이 난로를 데울지 집을 태울지는 알 수 없다.

– 조안 크로포드(Joan Crawford, 영화배우)

그녀가 누워 있는 병실에 렘브란트의 작품을 걸었다.

비록 그녀(빈센트와 동거하던 매춘부 시엔Sien)가 누워 있고 내가 옆에 앉아 있던

곳은 병원이었지만, 그것은 언제나 마구간에 있는 아기와 함께하는 크리스

마스 밤의 영원한 시와 같았다. 마치 네덜란드 화가들과 밀레(Jean-François

Millet)와 브르통(Jules Breton)이 상상한 것처럼. 어둠 속의 빛, 어두운 밤의 밝

음처럼. 그래서 나는 그 위에 렘브란트의 에칭 작품을 걸었다. 두 여인이 요람 옆에 있고 그중 한 여인이 촛불 아래에서 《성경》을 읽고 있는 장면이었다. 큰 그림자가 방 전체에 깊은 명암을 드리웠다.

*

가장 어두운 하늘에서

가장 밝은 별을 보는 경우가 많이 있다.

— 리처드 에반스(Richard Evans, 역사학자)

*

좋은 웃음은 집안의 햇살이다.

— 윌리엄 새커리(William Thackeray, 소설가)

*

하나님은 항상 당신의 삶에서 일만 가지 일을 하고 계시지만

당신은 그중 세 가지만 알고 있을지도 모른다.

— 존 파이퍼(John Piper, 침례교 목사)

*

하나님은 연약한 어린아이의 모습으로 우리에게 오신다.

그분은 우리의 상한 마음의 모든 틈새를 통해

우리 세상에 들어오신다.

— 앤 윔스(Ann Weems, 크리스천 작가)

*

하나님은 당신이 원하는 사람을 주시는 것이 아니라

필요한 사람을 주신다.

− 미상

"

사랑하고 사랑받는 여자는 늙지 않는다.

"

여자는 사랑하고 사랑받는 한 늙지 않는다.

*

사랑은 주는 사람과 받는 사람 모두를 치유한다.

− 칼 메닝거(Karl Menninger, 정신과 의사)

*

사랑은 자연이 제공하고 상상력이 수놓은 캔버스다.

− 볼테르(Voltaire, 계몽주의 작가)

*

사랑은 선한 이의 기쁨이자

지혜로운 이의 경이로움이며 신들의 놀라움이다.

− 플라톤(Plato, 고대 그리스 철학자)

*

사랑은 지성을 뛰어넘는 상상력의 승리이다.

－ H.L. 멘켄(H.L. Mencken, 문학비평가)

＊

사랑은 삶에 대한 의지의 궁극적인 표현이다.

－ 톰 울프(Tom Wolfe, 소설가)

〈두 어린이〉(1890년 6월)

친절은 돈보다 귀하다.

돈은 갚을 수 있지만 네가 베푼 친절은 갚을 수 없다.

*

친절은 미덕을 키우는 햇살이다.

— 로버트 그린 잉거솔(Robert Green Ingersoll, 변호사/작가)

*

힘으로는 할 수 없는 일을 친절로 이룰 수 있다.

— 푸블릴리우스 시루스(Publilius Syrus, 고대 로마 작가)

*

친절은 지혜보다 더 중요하며

이를 인식하는 것이 지혜의 시작이다.

— 시어도어 아이작 루빈(Theodore Isaac Rubin, 정신과 의사/작가)

*

친절을 베풀 줄 아는 사람은

그 어떤 재산보다 더 좋은 친구가 될 수 있다.

— 소포클레스(Sophocles, 고대 그리스 시인)

*

진실을 전하는 유일한 방법은 친절하게 말하는 것이다.
오직 사랑하는 사람의 말만이 들리기 때문이다.

— 헨리 데이비드 소로(Henry David Thoreau, 철학자)

무엇이든지 사랑하라.

나는 하나님을 아는 가장 좋은 방법은 항상 많은 것을 사랑하는 것이라 믿는 편이다. 그 친구, 그 사람, 그것, 무엇이든지 상관없이 사랑한다면, 나중에 더욱 철저히 알게 되는 올바른 길로 가게 된다는 것, 그것이 스스로에게 하는 말이다. 그러나 높고 진지하면서도 친밀한 공감으로, 의지와 지성으로 사랑해야 하며, 항상 더 철저히, 더 잘, 더 많이 알기 위해 노력해야 하는 것이다.

*

다른 사람에게 줄 수 있는 가장 큰 선물은 관심의 순수성이다.

— 리처드 모스(Richard Moss, 작가)

*

사랑하는 마음이야말로 가장 진실된 지혜다.

— 찰스 디킨스(Charles Dickens, 소설가)

진정한 사랑은 영원히 지속되고

한계가 없으며 언제나 한결같다.

그것은 극단적인 행동 없이 공정하고 순수해서

머리카락이 희어져도 마음은 항상 젊게 유지한다.

– 오노레 드 발자크(Honore de Balzac, 소설가)

✳

사랑은 영혼과 가족, 국가 사이의 모든 벽을 녹이는 빛이다.

– 파라마한사 요가난다(Paramahansa Yogananda, 요가 수행자)

사랑은 영원하다.

사랑은 영원하다 – 그 모습은 변할 수 있지만, 본질은 변하지 않는다. 사람이 사랑에 빠지기 전과 후의 차이는 불 켜지기 전의 램프와 이미 켜진 램프의 차이와 같다. 램프는 저기 놓여 있고, 원래부터 좋은 램프였지만 지금 빛을 발산하고 있으니 램프의 진정한 기능을 하고 있는 셈이다. 사랑은 많은 것들에 대해 사람이 더 차분함을 유지토록 해주고, 그로 인해 일을 더 잘할 수 있게 해준다.

사랑은 두 개의 육체에 거주하는

하나의 영혼으로 구성된다.

— 아리스토텔레스(Aristotle, 고대 그리스 철학자)

*

사랑은 자신의 행복보다

상대방의 행복이 더 중요하게 느껴질 때 생성된다.

— H. 잭슨 브라운 주니어(H. Jackson Brown Jr., 저술가)

*

인생의 가장 큰 기쁨은 우리가 사랑받고 있다는 사실,

즉 우리의 결점에도 불구하고

사랑받고 있다는 사실을 아는 것이다.

— 빅토르 위고(Victor Hugo, 소설가)

*

사랑은 한 세대가 다른 세대에게 남길 수 있는

가장 큰 선물이다.

— 리처드 가넷(Richard Garnett, 작가)

*

사랑은 사람이 자신에 대해

새로운 것을 발견하도록 도와주는 마술사와 같다.

— 벤 헷트(Ben Hecht, 각본가)

66

사랑의 본질은 변하지 않는다.

99

사랑은 영원한 것이다. 겉모습은 바뀔 수 있지만 본질은 변하지 않는다.

＊

사랑만이 진정한 역사가이다.

— 제르멘 드 스탈(Germaine de Staël, 소설가/비평가)

＊

사랑은 영원의 상징이다.

시간에 대한 모든 개념을 혼란스럽게 하고

시작에 대한 모든 기억을 지우고

종말에 대한 모든 두려움을 없애준다.

— 제르멘 드 스탈(Germaine de Staël, 소설가/비평가)

＊

가장 오래 지속되는 사랑은 결코 돌아오지 않는 사랑이다.

— 윌리엄 서머싯 몸(W. Somerset Maugham, 소설가)

＊

사랑은 계절의 도움 없이도 성장하고 꽃을 피우는 유일한 꽃이다.

— 칼릴 지브란(Kahlil Gibran, 시인)

사랑은 인간 존재라는 문제에 대해
유일하게 합리적이며 만족스러운 해답이다.

— 에리히 프롬(Erich Fromm, 사회심리학자)

죽기 전에 열정적으로 사랑을 표현하고 싶다.

나는 사람들의 마음속에 내재된 사랑을 작품으로 표현하고 싶다. 죽기 전
에 열정적으로 사랑을 표현하고 싶다. 가능한 한 많은 것에 감사하라. 많은
사람들이 세상에 존재하는 것들에 감사할 줄 모른다.

＊

자신을 먼저 사랑하면 다른 모든 것은 저절로 따라오게 되어있다.
이 세상에서 무엇이든 해내려면 자신부터 사랑해야 하는 것이다.

— 루실 볼(Lucille Ball, 희극배우)

＊

사랑은 느끼는 것뿐만 아니라 행동하는 것이다.

— 데이비드 윌커슨(David Wilkerson, 목사)

＊

자신의 삶을 격려하고 축하할수록

인생에는 축하할 일이 많이 생기는 법이다.

— 오프라 윈프리(Oprah Winfrey, 방송인)

＊

이 세상엔 단 하나의 행복이 있을 뿐이다.

그것은 사랑하고 사랑받는 것이다.

— 조르주 상드(George Sand, 소설가)

그녀와 나는 무거운 짐을 지고 가는 불행한 사람이다.

그녀(고흐가 사랑한 매춘부 시엔Sien)와 나는 서로의 짐을 함께 지고 가는 불행한

두 사람인데, 이렇게 하면 불행이 기쁨으로, 견딜 수 없는 것이 견딜 수 있는

것으로 바뀌게 되겠지.

＊

사랑의 즐거움은 잠시뿐이지만

사랑의 고통은 평생 지속된다.

— 베트 데이비스(Bette Davis, 영화배우)

무엇이든 사랑하는 방법은

그것을 잃을 수도 있다는 것을 깨닫는 것이다.

— G.K. 체스터턴(G.K. Chesterton, 작가)

〈초승달 뜬 밤에 산책하는 연인〉(1890년 5월)

때로는 한 사람이 사라지면

세상 전체가 텅빈 것처럼 느껴지기도 한다.

　　　－ 알폰스 드 라마르탱(Alphonse de Lamartine, 시인)

＊

첫사랑은 절대 잊지 못한다.

첫사랑은 평생 가슴 속에 묻어두는 돌과 같은 것이다.

　　　－ 에드나 오브라이언(Edna O'Brien, 소설가)

＊

나는 광기에 가까울 정도로 사랑했다. 광기라고 불리는 것,

내게는 그것이 유일하게 합리적인 사랑의 방식이다.

　　　－ 프랑수아즈 사강(Françoise Sagan, 소설가)

예술과
창의성

나는 실제 색상이
무엇인지에 대해선
관심이 없다.

"주님, 제 생각을 신선하게 유지할 수 있도록 도와주소서!"

주님, 제 생각을 신선하게 유지하게 해주세요! 이 기도는 자주 자주 반복해야 할 기도이다.

＊

모든 캔버스는 그 자체로 하나의 여정이다.

— 헬렌 프랑켄탈러(Helen Frankenthaler, 화가)

＊

그림은 생각의 침묵이자 시각의 음악이다.

— 오르한 파무크(Orhan Pamuk, 소설가)

＊

창의성은 이전에 아무도 연결하지 않았던
두 가지를 연결하는 능력이다.

— 윌리엄 포크너(William Faulkner, 소설가)

＊

창의성은 새로운 것을 존재하게 만드는 과정이다.

— 아서 쾨슬러(Arthur Koestler, 작가)

＊

창의성은 새로운 방식으로 세상을 바라보고
새로운 아이디어를 떠올리는 능력이다.

— 에드윈 랜드(Edwin Land, 폴라로이드 카메라 발명가)

그리스도는 가장 위대한 창조주이시다.

그리스도는 다른 철학자나 마술사들과는 달리 영생의 중요성, 시간의 끝없음, 죽음의 무의미함, 평화와 헌신의 필요성을 강조하셨다. 그는 다른 모든 예술가들보다 위대한 예술가로서 평온하게 사셨으며, 대리석이나 점토, 페인트를 멸시하고 살아 있는 육체를 다루셨다. 즉 현대의 신경질적이고 둔한 우리의 두뇌라는 무딘 도구로는 거의 상상할 수 없는 이 비할 데 없는 예술가는 조각상도, 그림도, 책도 만들지 않으셨다. 그는 분명히 살아 있는 사람들, 불멸의 존재들을 창조하신 것이었다.

*

예술은 사치가 아니라 필수 요소이다.
예술은 인간의 경험을 이해하고 탐색하는 방법이다.

— 메릴 스트립(Meryl Streep, 영화배우)

예술은 자유로운 영혼의 여정이다.

─ 알레브 오구즈(Alev Oguz, 화가)

*

최고의 예술은 삶의 예술이다.

─티베트 격언

*

인생의 목적은 행복하기 위한 것이 아니다.

유용하고, 존경받고, 동정심이 많으며,

살면서 훌륭하게 살았다는 의미를 남기는 것이다.

─ 랄프 왈도 에머슨(Ralph Waldo Emerson, 사상가)

*

예술가는 특별한 종류의 사람이 아니라

한 사람 한 사람이 특별한 종류의 예술가인 것이다.

─ 아난다 쿠마라스와미(Ananda Coomaraswamy, 철학자/미술사학자)

*

가장 위대한 예술가도 한 덩어리 흰 대리석 속에

모든 가능성이 잠재되어 있다는 사실을 깨닫지 못한다.

오직 정신에 복종하는 손길만이

그 속에 숨겨진 이미지에 도달할 수 있는 것이다.

─ 미켈란젤로(Michelangelo, 조각가/화가)

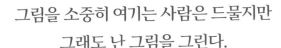

그림을 소중히 여기는 사람은 드물지만
그래도 난 그림을 그린다.

그림을 그리는 것은 크고 작은 다이아몬드를 찾는 것만큼 어렵다. 하지만 지금은 모든 사람들이 루이 금화나 진짜 진주는 가치있게 여겨도 그림을 소중히 여기는 사람은 안타깝게도 드물다. 그럼에도 불구하고 그림은 존재한다.

*

그림은 우주의 상징이다.
물리적 우주뿐 아니라 마음의 우주, 영혼의 우주를 표현한다.

— 제임스 로젠퀴스트(James Rosenquist, 팝 아티스트)

*

예술은 인간의 영혼을 들여다보는 창이다.
예술이 없다면 인간은 자신의 주변 너머를 볼 수 없고
세상도 인간 내면을 볼 수 없다.

— 클라우디아 존슨(Claudia Johnson, 미국 제36대 대통령인 린든 B. 존슨의 부인)

*

감정이 없는 예술은 단맛이 없는 초콜릿 케이크와 같다.

— 켄 포와로(Ken Poirot, 작가)

한 장의 그림은

수천 명의 미술관 방문객을 당혹스럽게 만들 수 있다.

— 류프카 츠베타노바(Ljupka Cvetanova, 저술가)

*

아무도 들어주지 않더라도 나는 계속 음악을 연주할 것이다.

나에겐 창작의 기쁨만으로도 충분하니까.

— 루트비히 판 베토벤(Ludwig van Beethoven, 작곡가)

예술은 지식보다 고결하다는 긍정적 인식에 기반한다.

말로 표현할 수 없는 예술적 사고는 부정적인 것이 아닌 긍정적인 것에 바탕을 둔다. 이 긍정적인 인식 위에서 예술은 우리 자신의 기술, 지식, 배움보다 위대하고 고귀하다. 예술은 인간의 손에 의해 제작되지만 손으로만 만들어지는 것이 아니라 더 깊은 근원, 인간의 영혼에서 솟아나는 것이다. 예술과 관련된 숙련과 기술적 전문성의 많은 부분은 종교에서 독선이라고 부르는 것을 떠올리게 한다.

*

예술은 세상과는 공존하지 않을 것 같은 신비를 불러일으킨다.

— 르네 마그리트(René Magritte, 화가)

〈눈 내리는 앤트워프의 오래된 집 뒷마당〉(1885년 12월)

예술은 세상을 더욱 영적으로 변화시키는 데

도움이 될 수 있다.

— 에크하르트 톨레(Eckhart Tolle, 자기계발 저술가)

＊

예술은 우리 모두를 하나로 묶는 영적인 힘이 될 수 있다.

— 디팩 초프라(Deepak Chopra, 의사/뉴에이지 사상가)

＊

예술은 우리가 말할 수 없는 것을 말할 수 있는 방법이다.

— 레너드 번스타인(Leonard Bernstein, 오케스트라 지휘자/작곡가)

＊

예술은 우리를 더 인간적으로 만든다.

— 요한 볼프강 폰 괴테(Johann Wolfgang von Goethe, 작가/철학자)

그림은 착시가 아니라 실제로 존재하는 게 아닐까?

두 사람 사이의 사랑을 표현하기 위해 두 보색의 조합, 혼합 및 대비, 관련 톤의 신비로운 진동을 사용할 수 있다. 머리에 떠오른 생각을 표현하려면 어두운 배경에 밝은 톤의 광채를 사용하면 된다. 희망을 표현하려면 별을 사용할 수 있다. 누군가의 열정을 표현하려면 석양의 광채를 사용할 수 있다. 이것은 사실적인 트롱프뢰유(trompe l'oeil, 착시 현상)가 아니라 실제로 존재하는 무언가가 아닐까?

✻

컬러는 그 특징과 마찬가지로 감정의 변화를 따라간다.

— 파블로 피카소(Pablo Picasso, 화가)

✻

예술은 현실을 비추는 거울이 아니라 현실을 만들어내는 망치이다.

— 베르톨트 브레히트(Bertolt Brecht, 극작가)

✻

창의성을 발휘하려면 확실성을 버릴 수 있는 용기가 필요하다.

— 에리히 프롬(Erich Fromm, 사회심리학자)

✻

빛과 그림자는 그림 속에 존재하는 우리의 친구이다.

— 제임스 애보트 맥닐 휘슬러(James Abbott McNeill Whistler, 화가)

✻

예술은 자아실현의 길이다.

— 에이브러햄 매슬로우(Abraham Maslow, 심리학자)

✻

이 집에서 나는 사랑하고 숨 쉬고 명상하고 그림을 그린다.

이곳에 있는 우리 집의 바깥쪽은 신선한 버터 같은 노란색으로 칠해져 있고, 눈에 띄게 푸른색의 덧문이 달려 있다. 햇볕이 잘 드는 광장에 위치한 이 집의 정원엔 플라타너스, 감람나무, 아카시아가 심겨 있고, 바닥엔 붉은 벽돌이 깔려 있다. 그리고 그 위에는 짙은 파란색 하늘이 펼쳐져 있다. 이 집에서 나는 사랑하고 숨 쉬고 명상하고 그림을 그린다.

*

컬러는 보이는 것과 보이지 않는 것을 연결하는 다리이다.

– 바실리 칸딘스키(Wassily Kandinsky, 화가)

*

컬러는 자연의 미소이다.

– 리 헌트(Leigh Hunt, 시인/비평가)

*

컬러는 잠재의식에 이르는 열쇠이다.

– 클로드 모네(Claude Monet, 화가)

*

컬러는 건반, 눈은 화음, 영혼은 수많은 현이 달린 피아노이다.

예술가는 건반 하나하나를 만지며

영혼에 진동을 일으키기 위해 연주하는 손이다.

— 바실리 칸딘스키(Wassily Kandinsky, 화가)

＊

컬러는 우리의 뇌와 우주가 만나는 곳이다.

— 폴 클레(Paul Klee, 화가)

의문을 가지고 아름다운 것을 본다.

나는 사람들이 교육을 받은 사람들의 것과는 완전히 다른 삶의 방식을 인지하기 바란다. 아무런 의문 없이 그것을 아름답거나 좋다고 여기는 사람이 한 사람도 없기를 간절히 바란다.

＊

의문은 지성의 엔진이자

호기심을 통제된 탐구로 전환하는 두뇌의 기계이다.

— 데이비드 해켓 피셔(David Hackett Fischer, 역사학자)

깨달음을 주는 것은 답이 아니라 질문이다.

— 외젠 이오네스코(Eugene Ionesco, 시인/소설가)

*

나는 모든 측면에서의 삶에 대한 호기심이
위대한 창의적 인재의 비결이라 생각한다.

— 레오 버넷(Leo Burnett, 광고인)

*

수백만 명이 사과가 떨어지는 것을 보았지만
뉴턴만이 그 이유를 붙들고 늘어졌다.

— 버나드 바룩(Bernard Baruch, 금융인/정치가)

*

사람에 대한 호기심을 줄이고 아이디어에 대한 호기심을 키우라.

— 마리 퀴리(Marie Curie, 물리학자)

실수를 두려워하면 침체에 빠지고 평범해진다.

활동적인 사람이 되고 싶다면 가끔 잘못을 저지를까 봐 두려워해서는 안

되고, 실수하는 것도 두려워해서는 안 된다. 많은 사람들은 좋은 사람이 되려면 아무런 해를 끼치지 않으면 된다고 생각하지만 그것은 거짓이다. 그렇게 하면 침체와 평범함으로 이어질 뿐이다. 빈 캔버스가 멍청하게 당신을 쳐다보고 있다면 그 위에 무언가를 그려보라.

＊

지혜에 이르는 길은 간단하다.
실수하고 실수하고 또 실수하되 점점 더 적게 하는 것이다.

— 피트 하인(Piet Hein, 건축가/시인/수학자)

＊

위험을 감수하는 과정에서 실패는 불가피하다.
그로 인해 낙담하지 말고 그것으로부터 배우는 것이
발전할 수 있는 유일한 방법이다.

— T. J. 로저스(T.J. Rodgers, 과학자/기업가)

＊

규칙을 따른다고 걷는 법을 배울 수 있는 것은 아니다.
직접 해보고 넘어지면서 배우는 것이다.

— 리처드 브랜슨(Richard Branson, Virgin 그룹 창업자)

＊

실수할 수 있는 상황을 피하는 것이 가장 큰 실수일 수 있다.

— 피터 맥윌리엄스(Peter McWilliams, 자기계발 저술가)

전문가란 좁은 분야에서 할 수 있는 모든 실수를 다 해본 사람이다.

－ 닐스 보어(Niels Bohr, 물리학자)

사람의 영혼을 그리고 싶다.

나는 성당보다는 인간의 눈을 그리고 싶다. 아무리 장엄하고 인상적이라도 성당엔 인간의 눈에서 볼 수 있는 무언가가 빠져 있기 때문이다. 나는 가난한 거지든 노숙자든 사람의 영혼에 더 끌린다.

*

눈은 영혼의 창이다.

－ 윌리엄 셰익스피어(William Shakespeare, 극작가)

*

눈을 통해 말할 수 있는 영혼은 시선으로도 키스할 수 있다.

－ 구스타보 아돌포 베케르(Gustavo Adolfo Bécquer, 시인)

*

눈은 어디에서나 하나의 언어로 말한다.

－ 조지 허버트(George Herbert, 시인/성공회 성직자)

여자의 아름다움은 그녀의 눈에서 찾아야 한다.

왜냐하면 눈은 그녀의 마음의 문이자

사랑이 머무는 곳이기 때문이다.

– 오드리 헵번(Audrey Hepburn, 영화배우)

*

눈은 귀보다 더 정확한 증인이다.

– 헤라클레이토스(Heraclitus, 고대 그리스 철학자)

나는 인간적인 것을 그리고 싶다.

나는 인간적인 것, 인간적인 것, 다시 말하지만 인간적인 것을 그리고 싶다.

*

예술은 인간이 자신의 경험, 생각, 감정을 전달하는 수단이다.

– 로마레 비든(Romare Bearden, 화가/작곡가/작가)

*

예술은 보이지 않는 것을 보이는 것으로 바꾸는 작업이다.

– 나딘 고디머(Nadine Gordimer, 소설가)

예술은 인간의 영혼을 대변하는 보편적인 언어이다.

— 파블로 네루다(Pablo Neruda, 시인/정치가)

*

예술은 예술가의 내면세계를 표현하는 것이다.

— 조지아 오키프(Georgia O'Keeffe, 화가)

*

예술가에게는 특별한 임무와 의무가 있다.

인간에게 인간다움과 창의성의 가능성을 일깨워주는 일이다.

— 루이스 멈포드(Lewis Mumford, 역사학자)

좋은 그림은 좋은 행위다.

좋은 그림은 좋은 행위와 같다.

*

예술에서 인간의 손은 결코 심장이 상상할 수 있는 것보다

더 높은 것을 실행할 수 없다.

— 랄프 왈도 에머슨(Ralph Waldo Emerson, 사상가)

단순한 것을 복잡하게 만드는 것은 흔한 일이지만

복잡한 것을 단순하게 만드는 것,

놀랍도록 단순하게 만드는 것이 바로 창의성이다.

— 찰스 밍거스(Charles Mingus, 작곡가)

〈석고 조각상, 장미와 소설 두 권이 있는 정물화〉(1887년)

예술 작품은 무엇보다도 마음의 모험이다.

— 외젠 이오네스코(Eugene Ionesco, 시인/소설가)

✻

소유가 아닌 창조를 통해 삶이 드러난다.

— 비다 더턴 스커더(Vida Dutton Scudder, 사회운동가/작가)

✻

모든 위대한 탐구와 모든 창의적인 노력에는 열정이 필요하다.

— 아프라 벤(Aphra Behn, 시인)

시를 종이에 옮기기는 쉽지 않다.

시는 어디에나 있지만, 그것을 종이에 옮기는 것은 안타깝게도 우리가 보는 것만큼 쉽지 않다.

✻

좋은 시는 현실에 대한 공헌이다.
좋은 시 한 편이 더해지면 세상은 결코 예전과 같지 않다.

— 딜런 토마스(Dylan Thomas, 시인)

시를 쓰는 것은 삶을 정돈하는 방법이다.

– 그웬돌린 브룩스(Gwendolyn Brooks, 시인)

＊

책을 읽다가 온몸이 너무 차가워져서

어떤 불로도 따뜻해질 수 없다면, 그것이 바로 시라는 것을 안다.

– 에밀리 디킨슨(Emily Dickinson, 시인)

＊

타인과의 갈등은 수사학을 만들어내지만,

자신과의 갈등은 시를 만들어 낸다.

– 윌리엄 버틀러 예이츠(William Butler Yeats, 시인)

＊

시는 이성(理性)에 의해 생긴 상처를 치유한다.

– 노발리스(Novalis, 시인)

현실 문제가 창의성에 방해가 된다.

작금의 현실이 우리를 너무 강하게 지배하고 있어서, 과거를 회상하려고 할 때조차도 삶의 사소한 사건들은 곧바로 사색에서 벗어나게 하고, 우리의 모험은 우리의 개인적인 감정, 즉 기쁨, 지루함, 고통, 분노 또는 미소와 같은 것들로 되돌아가게 한다.

*

우리는 영적 체험을 하는 인간이 아니다.
우리는 인간적인 경험을 하는 영적인 존재인 것이다.

– 피에르 테일하르트 드 샤르댕

(Pierre Teilhard de Chardin, 가톨릭 신부/고생물학자/지리학자)

*

제약은 창의성의 열쇠이다.

– 마티 뉴마이어(Marty Neumeier, 창의성 및 브랜드 전문가)

*

한계는 우리 마음 속에만 존재한다.
상상력을 발휘하면 가능성은 무한해진다.

– 제이미 파올리네티(Jamie Paolinetti, 영화감독)

*

현실의 세계에는 한계가 있지만
상상의 세계는 무한하다.

– 장 자크 루소(Jean–Jacques Rousseau, 철학자)

*

현실은 매우 끈질기기는 하지만 환상에 불과하다.

— 알버트 아인슈타인(Albert Einstein, 물리학자)

환상은 사라지고 숭고함은 남는다.

환상은 사라질 수 있지만 숭고함은 남는다.

*

예술은 숭고함의 표현이다.

— 에드가 앨런 포(Edgar Allan Poe, 소설가)

*

위대한 예술 작품은

삶의 폭풍 속에서 우리를 이끄는 등대와 같다.

— 레오 톨스토이(Leo Tolstoy, 소설가)

*

아름다움은 진실이고, 진실은 아름다움이다.

— 존 키츠(John Keats, 시인)

*

높은 골짜기와 언덕 위에 떠 있는 구름처럼 외롭게 헤매다가

한꺼번에 핀 황금빛 수선화 무리를 보았다.

— 윌리엄 워즈워스(William Wordsworth, 시인)

＊

진정한 지혜는 아무것도 모른다는 것을 아는 것뿐이다.

— 소크라테스(Socrates, 고대 그리스 철학자)

영감이 떠올랐을 때 지체없이 작업에 들어가야 한다.

빠른 작업이 덜 진지한 작업을 의미하는 것은 아니다. 진지한 작업은 자신 감과 경험에 달려 있다. 같은 방식으로, 사자 사냥꾼 쥘 바실 제라르(Jules Guérard)는 그의 책에서 젊은 사자들이 처음에는 말이나 소를 죽이는 데 많은 어려움을 겪지만, 나이 든 사자들은 한 번의 발톱 긁기나 단 한 번의 물어뜯기로 죽이며 놀라울 정도로 확실하게 일을 한다고 말한다 … 나는 모든 사람이 내가 너무 빨리 작업을 끝낸다고 생각할 것이라는 점을 일러두고자 한다. 그 말을 믿지 마라. 우리를 움직이는 것은 강한 감정과 자연에 대한 사랑이다. 때로는 감정이 너무 강렬해서 언어를 말하는 것처럼 부드

럽게 흐르는 붓놀림으로 작업할 때도 있다. 하지만 항상 그런 것은 아니며 영감이 떠오르지 않는 힘든 날도 있다는 것을 기억해라. 따라서 쇠가 달구어졌을 때 내리쳐야 하며, 주조가 끝난 쇠막대기는 나중에 작업할 수 있도록 저장해 두어야 하는 것이다.

*

어려움의 한가운데에는 기회가 있다.

– 알버트 아인슈타인(Albert Einstein, 물리학자)

*

기회를 보려면 모든 생각에 열려 있어야 한다.

– 캐서린 펄시퍼(Catherine Pulsifer, 작가)

*

완벽한 순간을 기다리지 말라. 순간을 포착하여 완벽하게 만들라.

– 조이 세이워드(Zoey Sayward, 작가)

*

현명한 사람은 발견한 것보다 더 많은 기회를 만들어낸다.

– 프랜시스 베이컨(Francis Bacon, 철학자)

*

능력은 기회 없이는 아무것도 아니다.

– 나폴레옹 보나파르트(Napoleon Bonaparte, 프랑스 황제)

*

예술 작품을 보면 외롭지 않다.

예술은 너무 풍부해서 만약 누군가가 자신이 본 것을 기억할 수 있다면 그 사람은 항상 생각이 떠오르고 외롭거나 혼자라는 느낌이 들지 않는다.

＊

예술은 인간이 자신을 표현하고자 하는 욕구이며
자신이 살아가는 세상에 대한
자신의 성격적 반응을 기록하는 것이다.

– 에이미 로웰(Amy Lowell, 시인)

＊

예술은 이해하려는 몸부림이다.

– 오드리 플랙(Audrey Flack, 화가)

＊

예술은 모든 거짓말 중에서 가장 아름다운 거짓말이다.

– 클로드 드뷔시(Claude Debussy, 작곡가)

＊

예술은 불필요한 것을 제거하는 것이다.

– 파블로 피카소(Pablo Picasso, 화가)

예술은 경험에 패턴을 부과하는 것이며
우리의 미적 즐거움은 그 패턴을 인식하는 것이다.

– 알프레드 노스 화이트헤드(Alfred North Whitehead, 수학자/철학자)

예술가는 따뜻한 마음을 가져야 한다.

예술가는 성직자나 교회 감독일 필요는 없지만, 동료 인간에게 따뜻한 마음을 가져야 한다.

✳

예술의 목적은 인간의 영혼을 드러내는 것이다.

– 칼 융(Carl Jung, 정신분석학자)

✳

위대한 예술은 위대한 감동에서 탄생한다.

– 헨리크 입센(Henrik Ibsen, 극작가)

✳

예술은 세상을 이해하는 방법이다.

– E. H. 곰브리치(E. H. Gombrich, 미술사학자)

예술은 인간의 경험을 가장 풍부하고 복잡하고
의미 있는 형태로 표현하는 것이다.

— 존 듀이(John Dewey, 철학자)

*

예술은 다른 사람들과 소통하는 방법이다.

— 마야 안젤루(Maya Angelou, 시인)

그림을 그릴 때 살아 있음을 느낀다.

내가 살아 있음을 느끼는 유일한 시간은 그림을 그릴 때뿐이다.

*

잘하든 못하든, 어떤 예술을 연습하는 것은
영혼을 성장시키는 방법이다. 그러니 해보라.

— 커트 보네거트(Kurt Vonnegut, 수필가)

*

그림은 침묵하는 시이고, 시는 말하는 그림이다.

— 플루타르코스(Plutarch, 고대 그리스의 철학자)

예술은 투쟁의 필수적인 부분이어야 한다.
일어나고 있는 일에 대한 단순한 반영에 머물러선 안된다.

− 소니아 산체스(Sonia Sanchez, 시인)

＊

예술의 목적은 미스터리이다.

− 르네 마그리트(René Magritte, 화가)

〈마차와 기차가 있는 풍경〉(1890년 6월)

나는 다른 방식으로는 말할 수 없는 것들을

색과 형태로 말할 수 있다는 것을 발견했다,

말로 표현할 수 없는 것들을.

— 조지아 오키프(Georgia O'Keeffe, 화가)

나는 꿈을 그린다.

나는 나의 그림을 꿈꾸고 나의 꿈을 그린다.

＊

꿈은 영혼이 당신에 대해 쓰고 있는 책 속의 삽화이다.

— 마샤 노먼(Marsha Norman, 극작가)

＊

모든 위대한 꿈은 몽상가로부터 시작된다.

당신 안에는 세상을 바꿀 수 있는 힘과 인내심

열정이 있다는 사실을 항상 기억하라.

— 해리엇 터브먼(Harriet Tubman, 노예해방 운동가)

＊

나를 몽상가라고 부를지 모르지만

나만 그런 건 아니다.

언젠가 여러분도 우리와 함께하길 바란다.

그러면 세상은 하나가 될 것이다.

– 존 레논(John Lennon, 가수)

＊

큰 꿈을 꾸되 현실적인 단기 목표가

성공의 열쇠라는 사실을 잊지 말라.

– 맥 앤더슨(Mac Anderson, 자기계발 저술가)

＊

몽상가는 세상의 구원자이다.

– 제임스 앨런(James Allen, 저술가)

좋은 작품을 남기는 것도 후손을 위한 일이다.

진실된 일을 했고 그 결과로 후손을 위해 좋은 본보기가 되어서 적어도 몇

사람의 기억 속에 살게 되었다는 사실을 알고 죽는 것은 좋은 일이다. 좋은

작품이라고 해서 영원한 것은 아니지만 그 작품이 표현한 아이디어와 작품 그 자체는 오랫동안 남을 것이기 때문에 미래 세대는 앞선 사람들의 본보기를 따름으로써 좋은 방향으로 걷게 될 것이다.

*

우리 자신을 위해 하는 일은 우리와 함께 사라지지만
다른 사람들과 세상을 위해 하는 일은 남아서 불멸한다.

— 알버트 파인(Albert Pine, 작가)

*

우리가 떠난 뒤에도 마음속에 살아 있다면
그것은 죽지 않은 것이다.

— 토마스 캠벨(Thomas Campbell, 시인)

*

세상에 일으킨 물결이 사라질 때까지
그 누구도 진정으로 죽은 것이 아니다.

— 테리 프랫쳇(Terry Pratchett, 소설가)

*

인생에서 가장 위대한 사용은
그것을 인생보다 오래 지속될 무언가에 쓰는 것이다.

— 윌리엄 제임스(William James, 철학자)

*

돌로 된 기념비에 새겨진 것이 아니라
다른 사람들의 삶 속에 짜여 들어간 것을 남겨야 한다.

– 페리클레스(Pericles, 고대 그리스 정치인)

오래 쳐다보면 심오한 이해에 이르게 된다.

시간을 들여 어떤 것을 오랫동안 쳐다보면 생각이 깊어지면서 그 사물의 의미를 더 심오하게 이해하게 된다.

*

당신의 비전은 당신의 마음을 들여다볼 때만 분명해진다.
밖을 바라보는 사람은 꿈을 꾸고
내면을 바라보는 사람은 깨어난다.

– 칼 융(Carl Jung, 정신분석학자)

*

눈이 있어 볼 수 있어도 정신이 그걸 인식하지 못하면
아무런 소용이 없다.

– 미상

진정한 발견을 위한 여정은

새로운 풍경을 찾는 것이 아니라

새로운 눈을 갖는 데 있다.

— 마르셀 프루스트(Marcel Proust, 소설가)

*

우리는 사물을 있는 그대로 보는 것이 아니라

자신의 관점에 따라 본다.

— 탈무드(Talmud)

*

사물은 오래 바라볼수록 더 추상적인 것이 되지만

아이러니하게도 더 현실적으로 느껴지게 된다.

— 루시안 프로이트(Lucian Freud, 사실주의 화가)

낮에 꾸는 꿈이 소중하다.

낮에 꿈꾸는 자는 밤에만 꿈꾸는 자가 놓치는 많은 것들을 인식한다.

*

미래는 꿈의 아름다움을 믿는 자의 것이다.

— 엘리너 루즈벨트(Eleanor Roosevelt, 미국 제32대 대통령 프랭클린 D. 루즈벨트의 부인)

*

모든 사람은 꿈을 꾸지만 똑같이 꾸지는 않는다.

밤에 먼지 쌓인 마음의 구석에서 꿈을 꾸는 사람은 낮에 일어나서

그것이 헛된 꿈이었다는 것을 알게 되지만

낮에 꿈을 꾸는 사람은 꿈을 실현하기 위해 눈을 뜨고

행동할 수 있기 때문에 무서운 사람이다.

— T.E. 로렌스(T.E. Lawrence, 탐험가/고고학자)

*

나이가 너무 많아서 또 다른 목표를 세우거나

새로운 꿈을 꿀 수 없다는 말은 있을 수 없다.

— C.S. 루이스(C.S. Lewis, 소설가)

*

꿈은 우리 인격의 시금석이다.

— 헨리 데이비드 소로(Henry David Thoreau, 철학자)

*

꿈이 죽으면 인생은 날개가 부러져 날지 못하는 새가 되니

꿈을 굳게 붙잡아라.

— 랭스턴 휴즈(Langston Hughes, 시인)

'내가 그렸으면 좋았을 그림'이라는 생각을 품고 싶다.

사랑과 아쉬움을 안고 뒤돌아보며 "아, 내가 그렸으면 좋았을 그림"이라는
생각을 품고 세상을 떠나고 싶다.

*

무언가에 대한 갈망이 당신을 우주와 연결해 준다.
그것은 당신이 여기에 속해 있음을 알려준다.

— 루미(Rumi, 페르시아 시인)

*

내가 만난 사람들 중 가장 안타까웠던 이는
꿈을 잃은 사람들이었다.

— 레스 브라운(Les Brown, 미국 정치인)

*

대부분의 사람에게 가장 큰 위험은
목표가 너무 높아서 달성하지 못하는 것이 아니라
목표가 너무 낮아서 쉽게 달성하는 것이다.

— 미켈란젤로(Michelangelo, 조각가/화가)

*

지금 이 순간이 당신에게 주어진 전부이다.

— 틱 낫 한(Thich Nhat Hanh, 불교 승려)

*

내일 죽을 것처럼 살고, 영원히 살 것처럼 배우라.

— 마하트마 간디(Mahatma Gandhi, 인도의 정치인)

〈창문으로 바라본 돼지고기 정육점〉(1888년 2월)

가난할수록 더 아름다운 색을 만들어낸다.

못생겨지고 늙고 추하고 아프고 가난해질수록 나는 더욱더 생동감 있고, 잘 정돈되고, 빛나는 색채를 만들어내어 복수하고 싶다.

＊

예술가가 대단할수록 의심도 커진다.
재능이 부족한 사람에게는
위로 차원에서 완벽한 자신감이 주어진다.

— 로버트 휴즈(Robert Hughes, 미술평론가)

＊

예술은 사랑의 표현이어야 하며
그렇지 않으면 아무것도 아니다.

— 마르크 샤갈(Marc Chagall, 화가)

＊

예술이란 수공예품이 아니라
예술가가 경험한 느낌을 전달하는 것이다.

— 레오 톨스토이(Leo Tolstoy, 소설가)

＊

예술가의 유일한 관심사는 다른 누구도 아닌

자신만의 방식으로 어떤 종류의 완벽함을 추구하는 것이다.

− J.D. 샐린저(J.D. Salinger, 소설가)

＊

예술가의 역할은 질문에 답하는 것이 아니라

질문을 던지는 것이다.

− 안톤 체호프(Anton Chekhov, 소설가)

단순화는 매우 고단한 작업이다.

단순화하는 것이 얼마나 어려운지 모른다!

＊

인생에서 단순한 것들이 가장 심오한 경우가 많다.

− 마야 안젤루(Maya Angelou, 시인)

＊

단순함은 행복의 정수이다.

− 고타마 싯다르타(불교의 창시자)

단순함이란 복잡함이 없는 것이 아니라

불필요한 것을 신중하게 제거하는 것이다.

— 빌 맥키벤(Bill McKibben, 환경 운동가)

*

삶을 단순화할수록 더 많은 것을 즐길 수 있다.

— 레오 바바우타(Leo Babauta, 명상가)

*

단순함은 더 적게 갖는 것이 아니라 중요한 것을 갖는 것이다.

— 조슈아 베커(Joshua Becker, 작가)

*

단순함이 행복의 열쇠이다.

— 토마스 머튼(Thomas Merton, 가톨릭 수도사)

좋은 글을 읽어야 한다.

다시 한 번 나 자신과 너를 격려하기 위해 몇 줄 적는다. 나는 너에게 책을
치우라고 조언했었는데, 그 조언은 지금도 유효하다. 그렇게 하면 평화를

얻을 수 있다. 하지만 그렇더라도 편협해지지 않도록 주의하고 좋은 글 읽는 것을 멀리해선 안 된다. 오히려 그것이 우리 삶에 위안이 되기 때문이다.

*

독서는 좋은 삶을 살기 위한 기본적인 도구이다.

– 모티머 J. 아들러(Mortimer J. Adler, 철학자)

*

독서는 평범함을 뛰어넘고자 하는 사람들에게
필수적인 것이다.

– 짐 론(Jim Rohn, 기업인/동기부여 전문가)

*

좋은 책은 많은 경험을 남기고 마지막에는
약간 지친 기분이 들게 해야 한다.
책을 읽는 동안 여러 삶을 살게 된다.

– 윌리엄 스타이런(William Styron, 소설가)

*

책은 위험할 수 있다.
최고의 책에는 '당신의 인생을 바꿀 수 있다'라는
라벨이 붙어 있어야 한다.

– 헬렌 엑슬리(Helen Exley, 작가)

*

독서는 공감의 연습인데,

잠시 다른 사람의 입장이 되어 보는 연습인 것이다.

— 맬러리 블랙맨(Malorie Blackman, 아동작가)

평범함에는 상상력이 없다.

평범함은 포장된 도로와 같다. 걷기에 편안하지만, 그 위에는 꽃이 자라지 않는다.

*

대체 불가능한 존재가 되려면 항상 남들과 달라야 한다.

— 코코 샤넬(Coco Chanel, 패션 디자이너)

*

아무도 가지 않은 길은 바리케이드와 돌부리,

미지의 지형으로 가득 차 있는 것이 보통이다.

하지만 그 길에서 당신의 인격이 진정으로 시험받게 되는 것이다.

— 케이티 쿠릭(Katie Couric, 언론인)

*

인생을 걸작으로 만들려면 가끔은 선 밖으로 색을 칠해야 한다.

— 알버트 아인슈타인(Albert Einstein, 물리학자)

＊

평범함은 상상력이 없는 사람들에게는 훌륭한 이상(理想)이다.

— 칼 융(Carl Jung, 정신분석학자)

＊

인생에서 가장 큰 기쁨은
사람들이 당신은 할 수 없다고 말하는 일을 하는 것이다.

— 월터 배젓(Walter Bagehot, 저널리스트)

내 안에서 창의적인 힘이 꿈틀거린다.

내 안에서 창의적인 힘이 꿈틀거리는 것이 느껴진다. 주기적으로 매일 걸작을 만들겠다고 결심하면 그 순간 아름다운 걸작을 그리는 것에 대한 갈망에 사로잡히게 되어 나는 최선을 다하게 된다. 하지만 아름다운 걸작은 고통스러운 노력, 좌절 그리고 인내를 의미한다.

＊

어떤 예술에서건 자신만의 세계를 창조하려면 용기가 있어야 한다.

— 조지아 오키프(Georgia O'Keeffe, 화가)

*

창의성의 가장 큰 적은 상식이다.

— 파블로 피카소(Pablo Picasso, 화가)

*

창의성에서 가장 중요한 것은 실패를 두려워하지 않는 것이다.

— 에드윈 랜드(Edwin Land, 폴라로이드 카메라 발명가)

*

나는 행동의 중요성을 뼛속까지 인식해왔다.

아는 것만으로는 안 되고, 그 지식을 사용해야 한다.

하겠다는 의지만으로는 부족하고 반드시 해야만 하는 것이다.

— 레오나르도 다빈치(Leonardo da Vinci, 화가/발명가)

*

창의성은 단순히 특이함을 추구하는 것이 아니다.

누구든 이상한 것을 만들어낼 수 있다. 그것은 쉽다.

정말 어려운 것은 바흐처럼 간단하게 만드는 것,

겉보기에는 단순하지만

매우 복합적인 느낌을 주도록 만드는 것이다.

— 찰스 밍거스(Charles Mingus, 작곡가)

난 세상에 기념품을 남길 의무가 있다.

세상이 나에게 중요한 것은 내가 30년 동안 살아와서 어느 정도 빚과 의무가 있기 때문이다. 나는 특정 미술 사조를 기쁘게 따르려는 것이 아니라, 진정한 인간의 감정이 표현된 그림과 드로잉의 형태로 세상에 어떤 기념품을 남겨야 할 의무가 있다.

*

예술은 세상에서 진지한 것으로는 유일하다.
그리고 예술가는 결코 진지하지 않은 사람으로서
유일한 존재이다.

— 오스카 와일드(Oscar Wilde, 시인)

*

예술의 목적은 경이로운 상태를 평생 구축하는 것이다.

— 글렌 굴드(Glenn Gould, 피아니스트)

*

그림을 그리면 그릴수록 모든 것이 마음에 든다.

— 피에르—오귀스트 르누아르(Pierre—Auguste Renoir, 화가)

*

전통이 없는 예술은 목자 없는 양떼와 같다.

혁신이 없으면 시체와 같다.

— 윈스턴 처칠(Winston Churchill, 영국 수상)

＊

예술가는 눈뿐만 아니라 영혼도 단련해야 한다.

— 바실리 칸딘스키(Wassily Kandinsky, 화가)

드로잉은 모든 것의 뿌리이다.

드로잉(Drawing)은 모든 것의 뿌리이다.

＊

드로잉은 창작을 위한 첫걸음이다.

— 파울 클레(Paul Klee, 화가)

＊

드로잉은 시각적 표현의 보편적인 언어이다.

— 베티 에드워즈(Betty Edwards, 미술 교사/작가)

＊

드로잉은 손으로 생각하는 방식이다.

— 알 허쉬펠트(Al Hirschfeld, 풍자 만화가)

✳

드로잉은 평생에 걸친 발견의 여정이다.

— 앤드류 루미스(Andrew Loomis, 삽화가)

✳

드로잉은 상상력에 생명을 불어넣는 방법이다.

— 월트 디즈니(Walt Disney, Disney Land 설립자)

〈창포〉(1889년 5월)

"친구여, 문제는 네 드로잉 실력에 있어."

나는 여기 있는 몇몇 화가 친구들이 수채화와 페인팅 작업을 하면서 해결책을 더 이상 찾을 수 없을 만큼 고생하는 것을 볼 때, 가끔씩 이런 생각이 든다. "친구여, 문제는 네 드로잉 실력에 있어." 나는 수채화와 유화 그림을 바로 시작하지 않은 것을 한 순간도 후회하지 않는다. 계속 노력한다면 드로잉과 원근법에서 손이 흔들리지 않게 되어 결국 따라잡을 수 있을 거라고 나는 확신한다.

*

미술의 기초는 드로잉이고, 드로잉의 기초는 관찰이다.

— 키몬 니콜라이데스(Kimon Nicolaides, 화가)

*

드로잉은 예술가의 가장 직접적이고 즉흥적인 표현이다.

— 키몬 니콜라이데스(Kimon Nicolaides, 화가)

*

드로잉은 예술가가 자신의 비전을
현실로 구현하는 데 필수적인 기술이다.

— 키몬 니콜라이데스(Kimon Nicolaides, 화가)

드로잉은 예술의 정직함이다.

속임수의 가능성은 없다.

그것은 좋거나 나쁘거나 둘 중 하나이다.

– 살바도르 달리(Salvador Dalí, 화가)

*

드로잉은 모든 미술 작업 중에서 가장 중요하기 때문에

다른 모든 작업보다 우선시되어야 한다.

– 조르지오 바사리(Giorgio Vasari, 르네상스 화가)

드로잉이란 무엇인가?

드로잉이란 무엇인가? 어떻게 해야 배울 수 있을까? 대답은 자신이 느끼는 것과 할 수 있는 것 사이에 서 있는, 보이지 않는 철벽을 극복하는 것이다.

*

드로잉은 종이 위에 비전을 그리는 것이다.

– 앤드류 루미스(Andrew Loomis, 삽화가)

*

드로잉은 내가 끊임없이 세상을 발견하는 방법이다.

— 프레드릭 프랑크(Frederick Franck, 화가)

*

드로잉은 예술가의 가장 직접적이고
즉흥적인 표현이자 일종의 글쓰기이며,
그림보다 그의 진정한 성격을 더 잘 드러낸다.

— 에드가 드가(Edgar Degas, 화가)

*

드로잉은 미술의 기본이다.
서툰 화가는 드로잉할 수 없지만
드로잉을 잘하는 화가는 언제나
그림을 잘 그릴 수 있다.

— 아실 고르키(Arshile Gorky, 화가)

*

스케치는 아무리 많이 해도 부족하다.
모든 것을 스케치하면서 호기심을 유지하라.

— 존 싱어 사르겐트(John Singer Sargent, 초상화 화가)

*

나는 가장 불결한 구석에서 작품을 구상한다.

나의 목표는 모든 역경에도 불구하고 분노보다는 사랑, 열정보다는 평온함을 기반으로 한다. 내가 종종 극도로 비참한 상황에 처해지는 것이 사실이지만 그래도 내 마음엔 차분하면서도 순수한 하모니와 음악이 자리 잡고 있다. 가장 보잘것없는 움막의 가장 불결한 구석에서 나는 드로잉과 그림을 구상한다. 거역할 수 없는 힘에 의해 내 마음은 작품 활동에 이끌린다.

＊

우리가 알고 있는 가장 아름다운 사람들은 패배를 알고,

고통을 알고, 투쟁을 알고, 상실을 알고,

그리고 그 깊은 곳에서 벗어난 사람들이다.

– 엘리자베스 퀴블러 로스(Elisabeth Kübler-Ross, 정신과 의사)

＊

세상에서 가장 강력한 무기는 불타오르는 인간의 영혼이다.

– 페르디낭 포슈(Ferdinand Foch, 제1차 세계대전 당시 프랑스 육군 총사령관)

＊

예술은 치료가 아니라 삶을 더 강렬하게 만드는 방법이다.

– 미셸 우엘베크(Michel Houellebecq, 소설가)

당신과 당신의 목표 사이를 가로막는 유일한 장애물은

목표를 달성할 수 없는 이유에 대해

스스로에게 계속 떠들어대는 헛소리뿐이다.

— 조던 벨포트(Jordan Belfort, 주식 중개인)

＊

예술은 우리의 가장 미묘한 감정을 구체적으로 표현하는 것이다.

— 아그네스 마틴(Agnes Martin, 화가)

예술은 마음의 상처를 치료한다.

예술은 삶에 의해 상처받은 사람들을 위로하는 것이다.

＊

예술은 인간의 심오한 감정을 표현하는 것이다.

— 스즈키 신이치(鈴木鎭一, 바이올리니스트/철학자)

＊

예술의 목적은 삶에 형태를 부여하는 것이다.

— 장 아누이(Jean Anouilh, 극작가)

예술은 상처를 빛으로 바꾸는 것이다.

− 조르주 브라크(Georges Braque, 화가)

＊

예술은 상처가 멈춘 뒤에도
계속해서 중요할 수 있는 유일한 것이다.

− 엘리자베스 보웬(Elizabeth Bowen, 소설가)

＊

예술은 세상의 상처를 치유할 수 있는 보편적 언어이다.

− 수지 카셈(Suzy Kassem, 저술가)

그림을 모르는 사람을 위해 그림을 그린다.

그림의 예술적인 측면을 모르는 사람들을 위해 그림을 그리는 것이 나의
오랜 염원이었다.

＊

예술은 일상에서 벗어나는 탈출구이다.

− 마르크 샤갈(Marc Chagall, 화가)

예술은 우리 삶을 이해하는 방식이다.

– 레오 톨스토이(Leo Tolstoy, 소설가)

*

예술은 세상을 더 아름다운 곳으로 만드는 방법이다.

– 파블로 피카소(Pablo Picasso, 화가)

*

예술은 창의성의 뿌리이다.

– 미상

*

예술은 마음에 말을 건네는 언어이다.

– 바실리 칸딘스키(Wassily Kandinsky, 화가)

창의성은 하나님에게서 나온다.

나는 종교 없이도 내 삶이나 예술을 잘 해낼 수 있다. 하지만 나보다 위대한 무엇인가가 없이는 하지 못한다. 그것은 바로 내가 살아 있다는 에너지와 무언가를 창조할 수 있는 능력이다.

창의력은 내가 사는 데 없어서는 안될

절대적인 의약품과 같은 것이다.

— 세실 B. 드밀(Cecil B. DeMille, 영화감독)

*

창의성은 다른 사람들이 보는 것을 보면서도

다른 사람이 생각하지 못한 것을 생각하는 것이다.

— 알버트 아인슈타인(Albert Einstein)

*

창의성은 무언가를 발견하는 것이 아니라

발견한 뒤에 무언가를 만들어내는 것이다.

— 제임스 러셀 로웰(James Russell Lowell, 시인)

*

창의력은 연결되지 않은 것처럼 보이는 것을

연결하는 능력이다.

— 윌리엄 플로머(William Plomer, 소설가)

*

창의성은 발명하고, 실험하고, 성장하고, 위험을 감수하고,

규칙을 깨고, 실수하고, 즐기는 것이다.

— 메리 루 쿡(Mary Lou Cook, 영화배우)

*

나의 갈망은 깊은 진실을 표현하는 것이다.

나의 큰 갈망은 매우 잘못된 것들, 일탈, 왜곡, 재구성, 변화를 취하는 것이다. 그래서 처음에는 사실이 아닌 것처럼 보여도 실제로는 표면적인 사실보다 더 깊은 진실로 표현하는 방법을 배우는 것이다.

*

픽션은 거짓 속의 진실이다.

− 테리 프랫쳇(Terry Pratchett, 소설가)

*

사실이 무시된다고 해서 그 존재가 사라지는 것은 아니다.

− 올더스 헉슬리(Aldous Huxley, 저술가)

*

좋은 이야기보다 더 현실적이고 진실한 것은 없다.

− 스티븐 킹(Stephen King, 소설가)

*

때로는 우리가 살고 있는 세상을 이해하기 위해
완전히 새로운 세상을 만들어야 할 때가 있다.

− 닐 게이먼(Neil Gaiman, 소설가)

예술의 목적은 현실을 재현하는 것이 아니라

자신만의 현실을 창조하는 것이다.

— 피에트 몬드리안(Piet Mondrian, 화가)

가장 아름다운 작업은
어둠 속 한 줄기 빛을 찾아내는 것이다.

가장 아름다운 작업은 칠흑 같은 어둠 속에서도 한 줄기 빛이 있음을 그려 내는 것이다.

*

가장 어두운 하늘에서 가장 밝은 별을 볼 수 있는 경우가 많다.

— 리처드 에반스(Richard Evans, 역사학자)

*

그림자 없는 빛은 없고

불완전함 없는 정신적 온전함도 없다.

— 칼 융(Carl Jung, 정신분석학자)

*

충분히 어두워져야 별을 볼 수 있다.

– 랄프 왈도 에머슨(Ralph Waldo Emerson, 사상가)

*

믿음은 새벽이 아직 어두울 때 빛을 느끼는 새와 같다.

– 라빈드라나트 타고르(Rabindranath Tagore, 시인)

*

가장 밝은 불꽃이 가장 어두운 그림자를 드리운다.

– 조지 R.R. 마틴(George R. R. Martin, 시나리오 작가)

〈중앙역에서 바라본 암스테르담 전경〉(1885년 10월)

> 66
> # 학문을 못한다고 해서 화가가 될 수 없는 것이 아니다.
> 99

내가 상업이나 학문에 적합하지 않다는 것이 내가 화가가 될 자격이 없다는 증명이라고는 말할 수 없다.

*

탁월한 인간이 되기 위해서 완벽할 필요는 없는 것이다.

– 미상

*

누구나 재능이 있다.

하지만 그 재능을 따라 어두운 곳으로 향하는 용기는 드물다.

– 에리카 종(Erica Jong, 소설가)

*

당신은 독특하다.

그 독특함이 발휘되지 않는다면 무언가를 잃게 되는 것이다.

– 마사 그레이엄(Martha Graham, 무용가)

*

남들과 다르거나 이상한 점이 바로 당신의 강점이다.

– 메릴 스트립(Meryl Streep, 영화배우)

우리 모두의 마음속에는 무언가를 향한 불이 있다.

그것을 찾아서 계속 불을 지피는 것이 우리 인생의 목표이다.

— 메리 루 레튼(Mary Lou Retton, 체조선수)

미술은 사람을 감동시키는 것이다.

나는 미술로 사람들의 마음을 감동시키기를 원한다. 나는 그들로부터 내가 깊이, 그리고 부드럽게 느끼는 사람이라는 말을 듣고 싶다.

∗

예술은 현실 세계와 더불어

보다 인간적인 세계를 창조하기 위한 노력이다.

— 앙드레 모루아(André Maurois, 소설가)

∗

예술은 하나님과 예술가의 합작에 의해 창조되는데

예술가의 간섭이 적을수록 더 좋은 작품이 된다.

— 앙드레 지드(André Gide, 소설가)

∗

예술은 삶에 대한 위대한 자극이다.

— 프리드리히 니체(Friedrich Nietzsche, 철학자)

*

모든 예술가는 자신의 영혼에 붓을 담그고
자신의 본성을 그림에 담는다.

— 헨리 워드 비처(Henry Ward Beecher, 성직자)

*

예술의 목적은 사물의 외형이 아니라
그 내면의 의미를 표현하는 것이다.

— 아리스토텔레스(Aristotle, 고대 그리스 철학자)

난 가난하고 더러운 곳에서 영감을 얻는다.

대부분의 사람들이 나를 별 볼 일 없는 사람, 이상한 사람, 불쾌한 사람, 사회에서 설 자리가 없고 앞으로도 그럴 사람, 기본적으로 가장 낮은 사람 중 가장 낮은 사람으로 여기는 것 같다. 설령 그것이 사실일지라도 나는 내 작품을 통해 나와 같은 사람이 마음속에 어떤 생각을 가지고 있는지 보여주고 싶다. 내 목표는 분노를 기반으로 하지 않으면서 사랑과 열정보다는 평화를 느끼는 것이다. 나는 종종 매우 우울해지면서도 내 안에는 여전히 평온함, 조화, 음악이 있다. 나는 가장 가난한 곳과 가장 더러운 구석에서 영감을 얻고, 이런 것들에서 큰 힘을 받는다.

*

세상은 모든 사람을 망가뜨리지만
그 뒤에 어떤 사람은 망가진 곳에서 강해진다.

— 어니스트 헤밍웨이(Ernest Hemingway, 소설가)

*

나는 배로 항해하는 법을 배우고 있어서 폭풍이 두렵지 않다.

— 루이자 메이 알콧(Louisa May Alcott, 소설가)

*

겁을 먹지 않아서 강한 것이 아니라
두려움에도 불구하고 강인하게 나아갔기 때문에 강한 것이다.

— 아티커스(Atticus, 시인)

*

때로는 자신의 가장 큰 약점을 마주하기 전까지는
자신의 강점을 깨닫지 못할 때가 있다.

— 수잔 게일(Susan Gale, 작가)

*

도전하는 것은 좋은 일이다.

도전하는 삶이 최고의 치료사가 될 수 있다.

— 게일 쉬이(Gail Sheehy, 저널리스트)

나는 사물의 본질을 과장한다.

나는 지금 사물의 본질을 과장하고, 명백한 것은 고의로 모호하게 남겨두고
자 한다.

*

세상의 진정한 신비는 보이지 않는 것이 아니라 보이는 것이다.

— 오스카 와일드(Oscar Wilde, 시인)

*

예술은 세상에 알려진 것 중에서 가장 강렬한 개인주의의 방식이다.

— 오스카 와일드(Oscar Wilde, 시인)

*

예술은 우리 자신을 발견하는 동시에 자신을 잃어버리게 한다.

— 토마스 머튼(Thomas Merton, 가톨릭 수도사)

창의성은 실수를 허용한다.

예술은 어떤 실수를 계속해야 하는지 아는 것이다.

– 스콧 애덤스(Scott Adams, 만화 작가)

*

예술은 아이디어를 떠올리는 것이 아니다.

예술은 실제적인 무언가를 포착하는 것이다.

– 줄리아 카메론(Julia Cameron, 시인/화가/영화제작자)

그림을 보면서 감탄할 줄 알아야 한다.

그림을 보는 것은 책을 읽는 것과 다를 바 없다. 아름다운 것을 보면 의심 없이, 주저 없이 감탄할 줄 알아야 하는 것이다.

*

예술은 불안한 자를 위로하면서

편안한 자를 혼란스럽게 해야 하는 것이다.

– 뱅크시(Banksy, 미술가/영화감독)

*

예술은 자신이 보는 것이 아니라

다른 사람으로 하여금 보게 만드는 것이다.

— 에드가 드가(Edgar Degas, 화가)

〈꽃병 속의 해바라기 세 송이〉(1888년 8월)

예술 작품은 자유의 외침이다.

― 크리스토 자바체프(Christo Javacheff, 설치 미술가)

*

예술은 진실을 깨닫게 해주는 거짓말이다.

― 파블로 피카소(Pablo Picasso, 화가)

*

예술은 꽃의 아름다움과 경쟁하기 위한

끊임없는 노력이지만 결코 성공할 수 없다.

― 잔 카를로 메노티(Gian Carlo Menotti, 오페라 작곡가)

광기에 탈출구는 없다.

선택의 여지가 있었다면 광기를 선택하지 말았어야 했지만, 한 번 광기에 사로잡히면 빠져나오기란 쉽지 않은 것이다.

*

광기가 없는 천재는 없다.

― 아리스토텔레스(Aristotle, 고대 그리스 철학자)

진정한 천재는 불완전함에 몸서리치며

보통은 완벽하지 않은 말을 하느니 침묵을 택한다.

— 에드거 앨런 포(Edgar Allan Poe, 작가)

＊

광기는 비상구이다.

— 앨런 무어(Alan Moore, 작가)

＊

광기는 너무 많은 것을 연이어 너무 빠르게 생각하거나

한 가지에 지나치게 몰두하는 것이다.

— 볼테르(Voltaire, 사상가)

＊

지혜의 극한. 그것을 대중은 광기라 부른다.

— 장 콕토(Jean Cocteau, 시인)

저녁 무렵의 서점을 그리고 싶다.

어둠 한복판을 차지한 한 줄기 불빛처럼, 전면에서 노란색과 핑크빛을 발하는 저녁때의 서점을 언젠가 그려보고 싶다는 생각을 아직도 간직하고 있다.

*

서점은 마을의 거실이다.

— 루이스 버즈비(Lewis Buzbee, 시인)

*

서점은 인간 영혼의 안식처이다.

— 미상

*

이 도서관에 발을 들여놓으면

왜 내가 이곳을 나가야 하는지 이해할 수 없다.

— 세비녜 부인(Marie de Sevigne, 작가)

*

책은 문명의 매개체이다.

책이 없으면 역사는 침묵하고

문학은 벙어리가 되고, 과학은 불구가 되고

사고와 사변은 멈춰 버린다.

— 바바라 W. 터크먼(Barbara W. Tuchman, 역사학자)

*

서점은 글이 살아 숨 쉬는 마법의 공간이다.

— 미상

해바라기는 나 자신이다.

"

내가 어떤 상태인지 알게 되더라도 놀라지는 않겠지만, 난 마르세유 사람들이 부야베스(bouillabaisse, 프랑스의 포구 도시인 마르세유에서 유래한 전통적인 생선 스튜)를 게걸스럽게 입안에 처넣는 것 같은 열정으로 해바라기 그리기에 미쳐 있다. 하지만 난 내가 생각하는 진실의 어떤 방향이 현실화되고 있다는 것을 너에게 보여주고 싶다. 해바라기는 어떤 면에서 나 자신이라 할 수 있다.

*

영감은 존재하지만, 그 영감은 내가 일하는 곳에서 찾아야 한다.

— 파블로 피카소(Pablo Picasso, 화가)

*

그림은 자기 발견이다. 훌륭한 예술가는 누구나 자신을 그린다.

— 잭슨 폴록(Jackson Pollock, 화가)

*

예술가는 하늘, 땅, 종잇조각, 지나가는 형상,
거미줄 등 모든 곳에서 떠오르는 감정을 담는 그릇이다.

— 파블로 피카소(Pablo Picasso, 화가)

*

예술가는 자신의 환상과 세상 사이의 매개체이다.

— 페데리코 펠리니(Federico Fellini, 영화감독)

＊

예술은 식물의 열매이거나 엄마 뱃속의 아이처럼

사람 안에서 자라는 열매이다.

— 장 아르프(Jean Arp, 화가)

색을 이해하는 데 순서가 있다.

파란색을 이해하려면 먼저 노란색과 주황색을 이해해야 한다.

＊

눈은 마음이 이해할 준비가 된 것만 본다.

— 로버트슨 데이비스(Robertson Davies, 소설가)

＊

교육은 그릇을 채우는 것이 아니라 불꽃을 일으키는 불쏘시개이다.

— 소크라테스(Socrates, 고대 그리스 철학자)

＊

말해 주면 잊어버린다. 가르치면 기억한다.

나를 참여시키면 나는 배운다.

— 벤저민 프랭클린(Benjamin Franklin, 정치인/발명가)

＊

호기심은 배움의 촛불에 불을 붙이는 심지이다.

— 윌리엄 아서 워드(William Arthur Ward, 동기부여 저술가)

＊

생각하지 않고 배우는 것은 혼란스럽고

배우지 않고 생각하는 것은 위험하다.

— 공자(孔子, 사상가)

나는 실제 색깔이 무엇인지에 대해선 관심이 없다.

나는 실제 색상이 무엇인지에 대해선 관심이 없다.

＊

가장 순수하고 사려 깊은 마음은 색을 가장 사랑하는 마음이다.

— 존 러스킨(John Ruskin, 예술 평론가)

인생은 크레파스 한 상자를 다 사용하는 것이다.

— 루폴(RuPaul, 영화배우/가수)

＊

컬러!

이 얼마나 깊고 신비로운 언어, 꿈의 언어란 말인가?

— 폴 고갱(Paul Gauguin, 화가)

＊

색은 생명의 열매이다.

— 기욤 아폴리네르(Guillaume Apollinaire, 시인)

＊

예술은 색상을 통해 감정을 표현하는 것이다.

— 조르주 쇠라(Georges Seurat, 화가)

아무리 그림을 그려도 만족스럽지 않다.

그림을 그리는 것이 마치 항상 돈을 쓰고 또 쓰는 나쁜 애인과 같아서, 아무리 해도 충분하지 않다고 느낄 때가 많아 슬프다. 때때로 괜찮은 습작이 나

올 때도 있지만, 그것들을 다른 사람들에게서 사는 것이 훨씬 쌀 것이라고 자조하기도 한다.

*

그림을 그리는 가장 좋은 이유는

이유가 필요 없기 때문이다.

— 키스 해링(Keith Haring, 팝 아티스트)

*

고생은 힘들지만 그래서 보람이 있는 것이다.

— 미상

*

사람이 남길 수 있는 가장 위대한 유산은 예술이다.

— 미상

*

예술가의 삶은 조건과의 싸움이며, 또 그래야만 한다.

— 맥스 베크만(Max Beckmann, 화가)

*

가난은 예술가의 가장 친한 친구이다.

가난은 그의 예술에 현실을 투영케 한다.

— 해롤드 로젠버그(Harold Rosenberg, 미술평론가)

*

언젠가 내 작품도 팔릴 날이 올 것이다.

나는 다른 사람의 '지도나 가르침'을 받지 않고 스스로 배웠기 때문에 겉으로 보기에 내 기술이 다른 사람들과 다른 것은 당연하다. 하지만 그렇다고 해서 내 작품이 팔리지 않을 이유는 없다. 큰 작품인 〈슬픔(Sorrow)〉, 〈게스트의 노파(The Old Woman of the Geest)〉, 〈노인(Old Man)〉 등도 언젠가는 구매자를 찾을 수 있을 거라고 확신한다.

∗

예술가는 자신의 마음속에 세상을 가지고 있지만
세상은 그의 예술을 이해하지 못한다.

– 오스카 와일드(Oscar Wilde, 시인)

∗

예술가는 자신의 작품을 통해 세상과 소통하려 하지만
세상은 그의 목소리를 듣지 못한다.

– 에드바르 뭉크(Edvard Munch, 화가)

∗

예술가는 사회에서 소외된 존재이다.

– 에드바르 뭉크(Edvard Munch, 화가)

예술은 주관적인 것이다.

한 사람에게 아름다운 것이 다른 사람에게는 그렇지 않다.

– 클로드 모네(Claude Monet, 화가)

*

예술은 시대를 앞서가기 때문에 현대 사람들은 이해하지 못한다.

– 살바도르 달리(Salvador Dali, 화가)

예술가는 불안한 초년 시절을 피할 수 없다.

내가 무의식적으로 무엇을 생각하는지 아는가? "예술가의 초기 시절에는 자신이 작품을 완벽하게 소화하지 못할 것 같다는 느낌, 그것을 완벽하게 끝낼 수 있을지에 대한 불확실성, 발전하고자 하는 큰 야망은 있지만 자신감 부족으로 인해 불안감을 완전히 떨쳐낼 수 없고, 서두르고 싶지 않아도 스스로를 재촉하게 된다"는 것이다. 이건 어쩔 수 없는 일이고, 누구나 겪어야 하는 시간이며, 내 생각에는 이 시기를 다른 무언가로 보내선 안 된다고 생각한다.

*

예술가는 어둠 속에서도 계속 움직여야 한다.

— 어빙 스톤(Irving Stone, 전기 소설 작가)

*

시작은 언제나 가장 어렵다.

— 오비디우스(Ovid, 고대 로마 시인)

*

의심은 실패보다 더 많은 꿈을 죽인다.

— 수지 카셈(Suzy Kassem, 저술가)

*

당신은 수년 동안 자신을 비판해 왔지만 효과가 없었다.

자신을 인정하고 어떤 일이 일어나는지 지켜보라.

— 루이스 L. 헤이(Louise L. Hay, 자기계발 저술가)

*

창의성의 가장 큰 적은 두려움이다.

두려움이 많을수록 창의력은 떨어진다.

— 에드 시런(Ed Sheeran, 싱어송라이터)